DIERCKE Erdkunde

Band 1
Schleswig-Holstein
Klasse 5

Moderator:
Jürgen Nebel

Autoren:
Dieter Engelmann
Ursula Faust-Ern
Peter Kirch
Norma Kreuzberger
Wolfgang Latz
Jürgen Nebel
Hans-Jürgen Pröchtel
Walter Weidner

Fachberater:
Gottfried Bräuer

westermann

Einband: Opalfeld White Cliffs Australien

Dieses Papier wurde
aus chlorfrei gebleichtem
Zellstoff hergestellt

1. Auflage   Druck   5 4 3 2
Herstellungsjahr   2002 2001 2000 1999
Alle Drucke dieser Auflage können im Unterricht parallel
verwendet werden.

© Westermann Schulbuchverlag GmbH, Braunschweig 1998

Verlagslektorat: Dr. Markus Berger, Rosita Ahrend
Herstellung: Gisela Halstenbach
Druck und Bindung: westermann druck GmbH, Braunschweig

ISBN 3-14-**11 4380** – 3

Inhaltsverzeichnis

Die Erde erkunden 4

Astronauten sehen die Erde
und das Weltall 6
Orientierung auf der Erde 8
Entdeckungsfahrten und Expeditionen 12
Arbeit mit Karten 16
In Deutschland unterwegs 24
Teddy auf Weltreise 32
Das Wichtigste kurz gefasst 33

Wie wir und andere leben 34

Klimazonen und Landschaftsgürtel 36
Leben in den Polarregionen –
Inuit auf Grönland 40
Leben in den Trockenräumen Afrikas 42
Leben im tropischen Regenwald 44
Europas Feuerinseln 46
Wenn die Erde bebt 48
Leben in bedrohten Gebieten 50
Ursachen von Erdbeben und
Vulkanausbrüchen 54
Naturkatastrophen gefährden
Lebensräume 56
Sturmflut und Küstenschutz 58
Ein Modell des deutschen Küstenraumes 64
Das Wichtigste kurz gefasst 65

Ohne Landwirtschaft geht es nicht 66

Früchte aus fremden Ländern 68
Nahrungsmittel aus ökologischem
Anbau 70
Viehwirtschaft im Allgäu 72
Massentierhaltung im Münsterland 74
Zuckerrüben aus der
Magdeburger Börde 76
Weinbau 78
Landwirtschaft in Deutschland 80
Erntemaschinen ersetzen Feldarbeiter 82
Das Wichtigste kurz gefasst 83

Industrieräume in Deutschland 84

Tagebaue verändern die Landschaft –
Das Rheinische Braunkohlenrevier 86
Die Entstehung von Kohle 88
Chemische Industrie in Leuna 90
Industrieraum im Wandel:
das Ruhrgebiet 92
Methode: Wir werten einen Text aus 97
Methode: Wir lesen thematische Karten 98
Umweltschutz in Bitterfeld-Wolfen 100
Menschen und Roboter
– ein Auto entsteht 102
Industriegebiete in Deutschland 106
Projekt: Wir erkunden ein
Gewerbegebiet 108
Das Wichtigste kurz gefasst 109

Städte als Träger von Dienstleistungen 110

Zentrum des Handels und Verkehrs –
Frankfurt/Main 112
Messestadt Leipzig 116
Berlin: eine Hauptstadt zieht um 118
Kulturstadt Dresden 124
Projekt: Eine Straße unter der Lupe 126
Das Wichtigste kurz gefasst 129

Touristische Regionen in Deutschland 130

Ferien und Freizeit in Deutschland 132
Die Alpen – ein Spielplatz Europas 134
Fallstudie Garmisch-Partenkirchen 136
Die Berge müssen Atem holen 138
Methode: Wetter und Klima 140
Ferien im Schwarzwald 142
Langeoog – eine Welt im Kleinen 144
Die Küste als Erholungsraum
Methode: Wir werten ein Bild aus 148
Nationalpark Wattenmeer 150
Planung einer Reise 154
Das Wichtigste kurz gefasst 155

Minilexikon 156
Bildnachweis 160

Die Erde erkunden

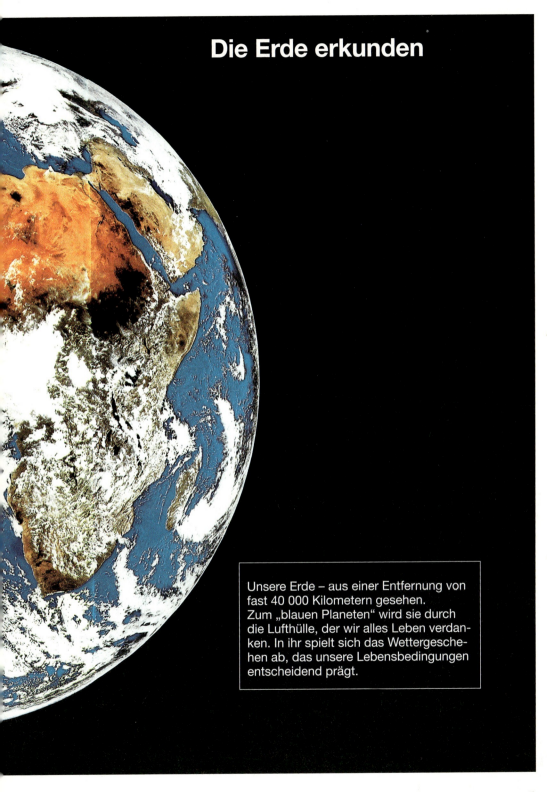

Unsere Erde – aus einer Entfernung von fast 40 000 Kilometern gesehen. Zum „blauen Planeten" wird sie durch die Lufthülle, der wir alles Leben verdanken. In ihr spielt sich das Wettergeschehen ab, das unsere Lebensbedingungen entscheidend prägt.

Astronauten sehen die Erde und das Weltall

Die Erde aus dem Weltraum

"Plötzlich taucht hinter dem Rande des Mondes in langen, zeitlupenartigen Momenten von grenzenloser Majestät ein funkelndes blauweißes Juwel auf, eine helle, zarte, himmelblaue Kugel, umkränzt von langsam wirbelnden weißen Schleiern.

Allmählich steigt sie wie eine kleine Perle aus einem tiefen Meer empor, unergründlich und geheimnisvoll. Du brauchst eine kleine Weile um ganz zu begreifen, dass es die Erde ist... unsere Heimat".
(E. Mitchell, amerikanischer Astronaut).

1. M1 zeigt die „aufgehende Erde". Von welchem Standort wurde dieses Foto wohl aufgenommen?

Erde, Sonne, Mond, Venus, Mars - alle sind „Staubkörner" in der unendlichen Weite des Weltalls. Auf einem dieser Staubkörner leben wir. Unsere Erde ist ein **Planet** des Sternes **Sonne**. Planeten leuchten nicht selbst. Sie müssen von einer Sonne beschienen werden, damit sie zu sehen sind. Unsere Sonne hat noch andere Planeten: Merkur, Venus, Mars, Jupiter, Saturn, Uranus, Neptun, Pluto. Alle diese Planeten bewegen sich um die Sonne. Deshalb sprechen wir bei der Sonne mit ihren Planeten vom **Sonnensystem**. Die Planeten drehen sich (rotieren) noch um sich selbst. Die Rotationszeit (= Zeit, in der sich ein Planet einmal um sich selbst dreht) und Umlaufzeit (= Zeit, in der ein Planet einmal um die Sonne läuft) sind sehr unterschiedlich.

Der Mond ist ein **Trabant** der Erde. Auf ihn setzten Menschen erstmals 1969 im Rahmen eines amerikanischen Weltraumprogrammes ihren Fuß. Raumsonden haben inzwischen auch andere Planeten erreicht, sodass die Kenntnis über sie erheblich besser geworden ist.

Die Sterne, die wir in klaren Nächten am Himmel sehen, sind Sonnen im Weltall. Noch wissen wir nicht, ob auch um diese Sonnen Planeten kreisen.

M1: Aufgehende Erde

M2: Mondlandung am 21. Juli 1969

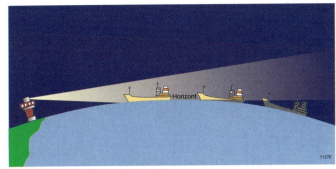

M3: Ein Schiff nähert sich der Küste

M4: Aufteilung der Erdoberfläche

Der Globus – verkleinertes Modell der Erde

Um auf der Erde einen Eindruck von der Kugelgestalt zu gewinnen musst du ans Meer reisen *(M3)*.

Ein verkleinertes Abbild der Erdkugel ist der Globus. Die Kontinente liegen wie Inseln in den Meeren. Die großen Meere werden als Ozeane bezeichnet.

Der Globus zeigt uns die Erde beinahe so, wie sie von den Astronauten aus dem Weltraum gesehen wird. Du erkennst die riesigen Wasserflächen der Ozeane und die Kontinente. Außerdem siehst du den Nordpol und den Südpol. Beide Pole sind beim Globus durch einen Stab verbunden, der die Erdachse darstellt. Weil die Erdachse zur Sonne schräg steht, ist die Achse des Globus auch schräg.

Der Äquator teilt die Erde in eine Nordhalbkugel und in eine Südhalbkugel. Er hat eine Länge von rund 40 076 Kilometern und markiert den größten Erdumfang. Auf der nördlichen Erdhälfte, der Nordhalbkugel, liegen die größeren Landflächen. Die größeren Wasserflächen findet man auf der Südhalbkugel. Ein Vergleich von Wasser- und Landflächen zeigt: Die Wasserflächen sind doppelt so groß wie die Landflächen der Erde.

In 24 Stunden dreht sich unsere Erde einmal um die eigene Achse. Auf der Sonnenseite ist dann Tag. Durch die Drehung der Erde wird es Tag und Nacht *(M5)*.

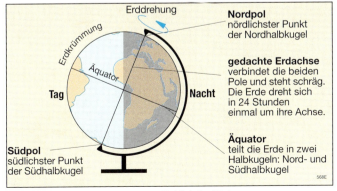

M5: Der Globus – verkleinertes Abbild der Erde

2. Welche Kontinente und Ozeane zeigt das Satellitenbild auf den *Seiten 4/5*? Stelle das mithilfe eines Globus oder einer Weltkarte im Atlas fest.

3. Welchen Ozean kannst du auf dem Bild auf den *Seiten 4/5* nicht sehen?

4. Warum kannst du ein Schiff am Horizont nicht sofort ganz sehen, wenn es sich der Küste nähert *(M3)*? Erkläre!

5. Wie entstehen die Tageszeiten? Stelle mithilfe eines Globus und einer Lampe Tag und Nacht auf der Erde dar. Überlege, in welcher Richtung du den Globus dazu drehen musst *(M5)*.

Orientierung auf der Erde

„CQD, wir sinken" – Hilferuf im Atlantischen Ozean

14. April 1912. Vier Tage sind vergangen, seitdem die „Titanic", das modernste und schnellste Passagierschiff der Welt, den Hafen von Southampton verlassen hat. Das Schiff befindet sich auf Nordatlantikroute mit dem Ziel New York. 2206 Passagiere und Besatzungsmitglieder nehmen an dieser Jungfernfahrt teil. Alles verläuft planmäßig. Da kommt plötzlich um 23.40 Uhr vom Ausguck des Schiffes die Meldung: „Eisberg voraus!" Sofort werden die Maschinen gestoppt, aber die Katastrophe ist nicht mehr zu verhindern: Mit einem gewaltigen Knirschen und Krachen läuft das Schiff auf den Eisberg auf. Auf rund 90 Metern Länge wird sein Rumpf unterhalb der Wasserlinie aufgeschlitzt. Eisige Wassermassen dringen ein.
Um 0.05 Uhr gibt Kapitän Smith dem Ersten Offizier den Befehl, die Rettungsboote klarzumachen. Um 0.15 Uhr erhält der Funker einen Zettel mit der genauen Position des Schiffes und beginnt die Buchstaben „CQD" – damals der international übliche Notruf – auf der Funktaste zu hämmern. Um 2.15 Uhr versinkt die Titanic – und mit ihr gehen 1517 Menschen unter. Mit Volldampf kommen nun die Schiffe aus der Umgebung zur Unglücksstelle um die frierenden Überlebenden zu bergen. Man hatte den Hilferuf empfangen.

M1: Kurs der Titanic

Der britische Schnelldampfer der White Star Linie kollidiert auf seiner Jungfernfahrt am 14.4.1912 im Nordatlantik mit einem Eisberg und sinkt mit 1517 Menschen.
zeitgenössisches Gemälde von Willy Stöwer (1864-1931)

M2: Untergang der Titanic

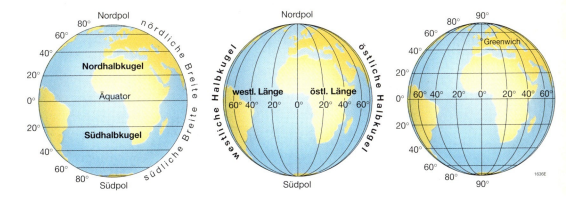

M3: Die Erde im Gradnetz

Orientierung mit Breiten- und Längenkreisen

Über 700 Schiffbrüchige der Titanic konnten lebend geborgen werden. Woher aber wussten die Retter, wo sie die Titanic auf dem Atlantischen Ozean finden konnten? Sie mussten die genaue Position des Schiffes kennen; sie mussten sich auf dem Atlantik orientieren.

Um eine Orientierung, ein Zurechtfinden, zu ermöglichen, wurde die Erde mit einem Netz von gedachten Linien überzogen. So entstand das **Gradnetz** der Erde. Es ist auf jedem Globus eingetragen.

Die gedachten Linien, die die Erde als Kreise umspannen, heißen **Längen- und Breitenkreise**. Der bekannteste Breitenkreis ist der **Äquator**. Er teilt die Erde in die Nord- und die Südhalbkugel. Vom Äquator aus bis zu beiden Polen werden die Breitenkreise in nördlicher und in südlicher Richtung gezählt. Es gibt in beiden Richtungen 90 Breitenkreise. Handelt es sich um einen Ort auf der Nordhalbkugel, so liegt er auf einem Breitenkreis nördlicher Breite, abgekürzt n.B. Ein Ort auf der Südhalbkugel befindet sich auf südlicher Breite, abgekürzt s.B., die Angabe der Breitenkreise erfolgt in Grad (°). Durch Mainz geht genau der Breitenkreis 50° n.B. Der Breitenkreis 50° s.B. verläuft unter anderem durch Neuseeland. Außer der Angabe des Breitenkreises gehört zur genauen Bestimmung eines Ortes die Angabe des Längenkreises bzw. des Meridians. Jeder Längenkreis besteht aus zwei von Pol zu Pol verlaufenden Halbkreisen, den Meridianen.

Der nullte Längenkreis (Nullmeridian) verläuft durch Greenwich, einem Stadtteil von London. Davon ausgehend werden die Meridiane nach Westen und nach Osten gezählt. In beiden Richtungen gibt es 180 Meridiane. Auch die Meridiane werden in Grad (°) gezählt. Abgekürzt wird östliche Länge mit ö.L., westliche Länge mit w.L. Zum Beispiel liegt auf etwa 9° ö.L. Husum und auf etwa 9° w.L. die Stadt Lissabon.

1. Bestimme auf einer *Atlaskarte von Amerika*, zwischen welchen „Zehner"-Breitenkreisen und -Längenkreisen der Untergang der Titanic stattfand.

2. Benutze den *Atlas*: Zwischen welchen Längen- und Breitenkreisen liegen die Städte Prag, London, Berlin, Moskau, Kapstadt?
Lege eine Tabelle an:

Stadt	Breitenkreise	Längenkreise
Köln	50° - 51° n.B.	6° - 7° ö.L.
Prag	...	...

3. Bestimme ungefähr die Lage deines Schulorts im Gradnetz der Erde *(Atlas)*.

4. a) Sind alle Längenkreise gleich lang?
b) Sind alle Breitenkreise gleich lang?
Begründe deine Antwort.
(Nimm den *Globus* zu Hilfe.)

1. Stelle die Kontinente und Ozeane nach ihrer Größe in einer Tabelle zusammen *(M1)*.

2. Schreibe die Kontinente auf, die die Ozeane begrenzen. Gehe dabei im Uhrzeigersinn und nach Himmelsrichtungen vor.

3. Welche Kontinente liegen nur auf der Nord-, welche nur auf der Südhalbkugel, welche auf beiden?

Kontinente und Ozeane

Landmassen, die in sieben **Kontinente** gegliedert sind, bedecken etwa ein Drittel der Erdoberfläche. Ihr Flächenanteil an der Nordhalbkugel ist größer als an der Südhalbkugel. Den Doppelkontinent Amerika nannte man in Europa nach der Entdeckungsfahrt des Kolumbus auch „Neue Welt". Eine schmale Landbrücke – Mittelamerika – verbindet Nord- und Südamerika. Zur „Neuen Welt" zählte auch Australien nach seiner Entdeckung im Jahre 1768 durch James Cook.

Die Antarktis wurde als letzter Kontinent bekannt. Der Norweger Roald Amundsen erreichte 1911 als erster Mensch den Südpol im Wettlauf mit dem Briten Robert Scott, der bei dieser Expedition sein Leben verlor.

Europa und Asien bilden naturräumlich einen Doppelkontinent, was durch die Bezeichnung „Eurasien" ausgedrückt wird. Er gehört mit Afrika zur „Alten Welt". Die Grenze zwischen Europa und Asien verläuft vom 2000 km langen Uralgebirge über den Uralfluss entlang dem Kaukasusgebirge.

Zwei Drittel der Oberfläche der Erde bedecken die Wasserflächen der **Ozeane** mit ihren Randmeeren. Der Pazifik ist mit mehr als einem Drittel Anteil größer als alle Landflächen zusammen. Im Pazifischen Ozean liegen die meisten **Inseln** und die tiefsten Meeresstellen.

Der Atlantische Ozean, zwischen den Küsten Amerikas, Europas und Afrikas eingebettet, und der Indische Ozean, überwiegend auf der Südhalbkugel liegend, teilen sich das letzte Drittel der Erdoberfläche.

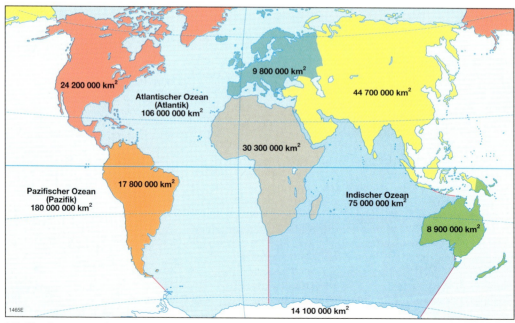

M1: Kontinente und Ozeane

Rekorde der Erde

Weltrekorde sind im Sport meist nur von kurzer Dauer. Der schnellste 100-Meter-Lauf, der weiteste Speerwurf oder höher über die Latte zu springen sind Herausforderungen. Leistungssportler wollen besser sein: „Schneller, höher, weiter!" ist ihr Grundsatz.

Spitzenleistungen gibt es nicht nur im Sport. Auch unsere Erde kann solche „Rekorde" bieten. Immer wieder wird in einem Rätsel oder bei einem Quiz nach dem höchsten Berg oder dem längsten Fluss gefragt.
Hierzu findest du eine Auswahl:

4. Ordne die auf dieser Seite genannten Rekorde der Erde den Kontinenten zu. Beginne so: Das Gebirge mit den höchsten Bergen liegt in A ... .

i

Das Gebirge mit den höchsten Bergen	Himalaya
Der höchste Berg	Mount Everest (8872 m)
Die tiefste Meeresstelle	Witjas Tief (-11 034 m)
Die tiefste Stelle der Landoberfläche	am Toten Meer (-401 m)
Der höchstgelegene schiffbare See	Titicacasee (3698 m)
Das längste Gebirge	Kordilleren (14 000 km)
Der längste Fluss	Nil (6671 km)
Der tiefste See	Baikalsee (-1620 m)
Die größte Insel	Grönland (2,17 Mio. km²)
Die größte Halbinsel	Arabien (2,7 Mio. km²)
Der größte Kontinent	Asien (44,5 Mio. km²)
Der größte See	Kaspisches Meer (371 800 km²)
Der höchste tätige Vulkan der Erde	Cotopaxi (5911 m)

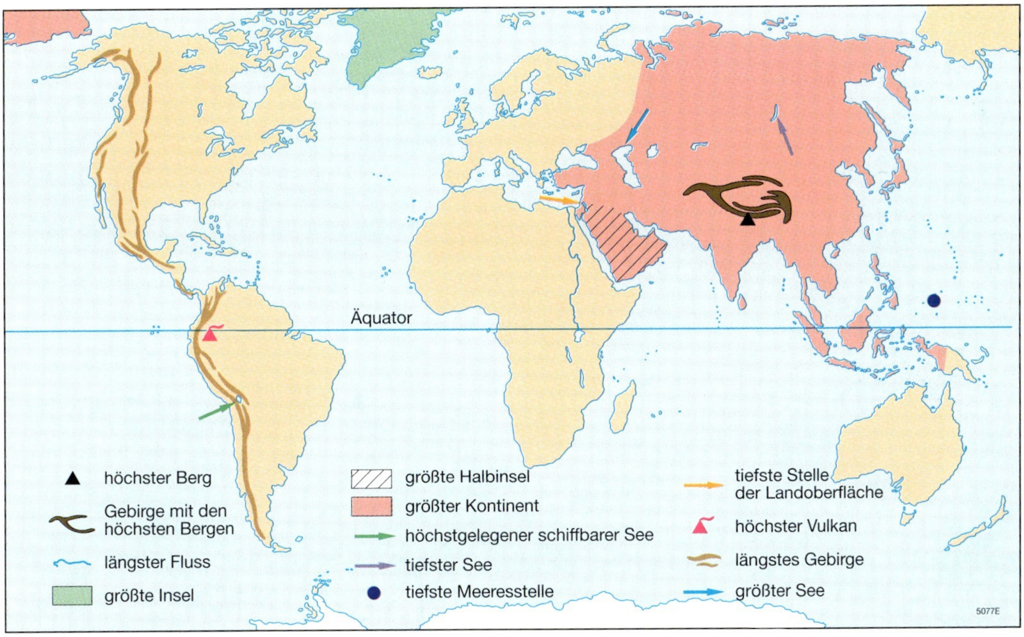

M2: Rekorde der Erde

Entdeckungsfahrten und Expeditionen

„Ein Mann, der sich Kolumbus nannt..."

Die Erde ist keine flache Scheibe. Es ist kaum zu glauben, dass die Menschen dies erst seit wenigen Jahrhunderten wissen. Mutige Seefahrer erbrachten den Beweis für die Kugelgestalt der Erde. Christoph Kolumbus war einer von ihnen. Eine Idee ließ ihn nicht mehr los. War die Erde wirklich eine Kugel, musste man von Europa aus auch über das Meer nach Indien gelangen. Er wollte diesen Seeweg finden.

M1: Vermuteter Reiseweg von Kolumbus (entweder Route A, B oder C)

Kolumbus auf dem Weg nach Westen

Sein Gedanke war in Richtung Westen bis nach Indien zu segeln. Gewürze, Gold und Tee wollte er dort auf seine Schiffe laden und nach Spanien bringen. Dies hatte bisher noch niemand gewagt. Am 3. August 1492 war es soweit. Mit drei kleinen Schiffen starteten er und seine Mannschaft im Dienste des spanischen Königshauses.

Als die Schiffe „Santa Maria", „Niña" und „Pinta" die schützende Küste verlassen hatten, trieb ein beständiger Wind die kleine Flotte über den Atlantischen Ozean. Wochen vergingen, ohne dass der Matrose im Ausguck Land erblickte. Immer lauter murrten die Seeleute. Angst beschlich die Männer. Segelten sie direkt in einen Abgrund, an den Rand der Erdscheibe? Am 12. Oktober war es endlich soweit: „Tierra", Land war in Sicht.

Mit der spanischen Fahne in der Hand nahm Kolumbus das Land für das spanische Königshaus in Besitz. Kolumbus glaubte, es sei die Küste Indiens. Tatsächlich war er auf einer Insel der Bahama-Gruppe gelandet. Die Einwohner nannte er „Indianer".

Auf seinen Fahrten entlang der Küste entdeckte er die Inseln Kuba und Haiti. Kolumbus starb im Jahre 1506. Er hat nie erfahren, dass er in Amerika angekommen war. Den Namen „Amerika" erhielt der Erdteil von dem italienischen Seefahrer Amerigo Vespucci. Er beschrieb im 16. Jahrhundert diesen Kontinent.

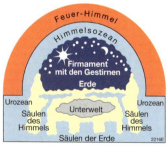

M2: Weltbild aus der Zeit vor Kolumbus

M3: Die nachgebaute „Niña" auf dem Atlantik

Der Auftrag des Christoph Kolumbus

Chinesische Seide und Pfeffer aus Indien waren im Mittelalter eine besonders wertvolle Handelsware. (Einen reichen Mann nannte man damals auch „Pfeffersack".) Der Kaufmann Marco Polo hatte beide Güter von seinen Reisen durch Asien mitgebracht. Das Problem war jedoch, dass man die Waren nicht in größeren Mengen nach Europa schaffen konnte, weil ein Teil des Weges über Land führte. (Der Seeweg um Afrika war noch nicht bekannt.) Dort wurden die Karawanen immer wieder überfallen. Deshalb beauftragte der spanische König den Seefahrer Kolumbus, einen sicheren Seeweg ausfindig zu machen und mit seinen Schiffen diese und andere Kostbarkeiten nach Spanien zu bringen.

Amerikas Entdeckung aus der Sicht der Eingeborenen

In Europa hören wir oft, dass Christoph Kolumbus 1492 Amerika entdeckt habe. Manchen Amerikanern kommt dies sonderbar vor, da ihre Vorfahren schon seit vielen tausend Jahren dort lebten. Damit sind jene Menschen gemeint, die wir heute als amerikanische Indianer bezeichnen. Millionen von ihnen lebten vor 1492 in Amerika, aber innerhalb von hundert Jahren waren die meisten von ihnen umgekommen, getötet durch europäische Krankheiten oder europäische Gewehre.
Heute gibt es nur noch wenige Indianer, von denen einige vielleicht noch immer „unentdeckt" tief im Amazonas-Regenwald leben.

1. Verfolge auf der Karte *(M1)* die Fahrtroute der Schiffe von Kolumbus. Kannst du dir denken, warum drei verschiedene Routen eingetragen sind?

2. Schreibe den nachfolgenden Tagebuchtext von Kolumbus in dein Heft. Fülle die Lücken mit den folgenden Wörtern aus: Westen, Verpflegung, Matrosen, Trinkwasser, Skorbut.
„Weit und breit kein Land in Sicht. Die … wird knapp, das … in den Fässern salzig und faulig. Die gefürchtete Krankheit der Seefahrer, der …, tritt unter der Mannschaft auf. Die … drohen zu meutern. Dieser verfluchte Kurs nach …! Werden wir jemals heimkehren?"

3. Erkläre am Beispiel von Kolumbus, warum die „Entdeckung" den Eingeborenen Nachteile brachte. Wer hatte den größten Nutzen? Lies dazu die *Texte* in den Kästen.

Die erste Weltumsegelung bringt den Beweis

Als der Portugiese Fernando Magellan 1519 zur ersten Weltumsegelung aufbrach, stand er im Dienst des spanischen Königs. Sein Auftrag war es, mit fünf Karavellen kostbare Waren von den Inseln im Pazifik zu holen. Zum Tauschen hatte er Glasperlen, Wollstoffe, Angelhaken und Messer an Bord.

265 Seeleute befanden sich auf den fünf Schiffen. Nach der Überquerung des Atlantik segelten die Karavellen entlang der Küste von Südamerika. Hinter „Feuerland" begann die Fahrt durch den Pazifik.

Nach fast drei Jahren kamen noch 18 Mann auf einem zerfallenden Schiff in Europa an. Sie hatten die Welt umsegelt und dabei Unwetter, Windstille, Krankheiten und Kämpfe überstanden. 600 Zentner Gewürze brachten sie mit.

Wichtig für die Nachwelt aber war, dass nun endgültig feststand: Die Erde hat eine Kugelgestalt.

M1: Aufbau einer Karavelle

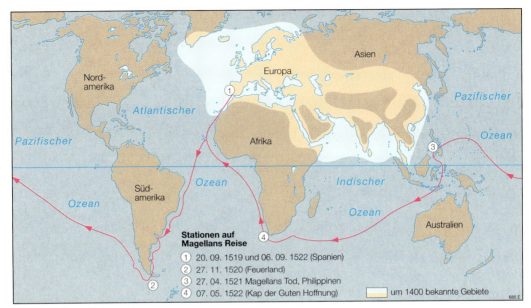

M2: Magellans Reiseroute

Stationen auf Magellans Reise
① 20. 09. 1519 und 06. 09. 1522 (Spanien)
② 27. 11. 1520 (Feuerland)
③ 27. 04. 1521 Magellans Tod, Philippinen
④ 07. 05. 1522 (Kap der Guten Hoffnung)

um 1400 bekannte Gebiete

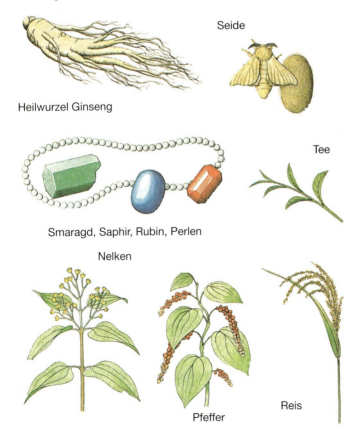

M3: Begehrte Handelsgüter

(Heilwurzel Ginseng; Seide; Smaragd, Saphir, Rubin, Perlen; Tee; Nelken; Pfeffer; Reis)

1. Verfolge die Fahrt von Magellan auf der Karte *(M2)*. Durch welche Ozeane segelte er?

2. Beschreibe das Bild vom Aufbau einer Karavelle *(M1)*. Welche Tätigkeiten der Mannschaft kannst du erkennen? Schreibe sie auf.

3. Mit den Reisen von Kolumbus und Magellan änderte sich das „Weltbild" der Menschen. Erkläre diese Aussage.

4. Unter den Handelsgütern in *M3* sind Gewürze. Nenne sie.

5. Welche fremdländischen Gewürze werden bei dir zu Hause verwendet? Versuche mithilfe eines Lexikons festzustellen, in welchen Ländern sie angebaut werden.

M1: Schrägluftbild

Arbeit mit Karten

 Erdbild – Schrägbild – Senkrechtbild

Ein Erdbild ist von der Erde aus aufgenommen.
Ein Schrägbild ist von schräg oben aufgenommen. Die Aufnahme kann z.B. von einem Aussichtsturm oder Berggipfel, einem Flugzeug oder auch von einem Satelliten aus erfolgen.
Ein Senkrechtbild ist von einem Flugzeug (Senkrechtluftbild) oder einem Satelliten (Satellitenbild) aus aufgenommen.

M2: Senkrechtluftbild

Vom Bild zur Karte

Adriane betrachtet die beiden Fotos von Travemünde (*M1* und *M2*). Es sind Luftbilder. Ein Fotograf hat sie von einem Flugzeug aus aufgenommen. Auf beiden Fotos sind ein Teil der Untertrave und der Ostsee, der Yachthafen, die Strandpromenade und ein Hochhaus zu erkennen.

Doch welch ein Unterschied: Das Schrägluftbild *(M1)* gibt einen Überblick über das Mündungsgebiet der Trave in die Ostsee, den Ortskern und die im Hintergrund anschließende Landschaft. Besonders im Vordergrund und Mittelgrund ist alles sehr gut zu erkennen: ein Schiff, ein Hochhaus und die Strandpromenade. Dagegen sind die Häuser und Straßen im Hintergrund kaum zu sehen.

Das Senkrechtluftbild *(M2)* dagegen zeigt das Gebiet senkrecht von oben. Es gibt keinen Vordergrund, Mittelgrund und Hintergrund mehr. Alles ist gleich weit entfernt. Daher kannst du den Verlauf der Ufer, die Straßen und die Anordnung der Häuser gut erkennen. Alles ist jedoch sehr klein. Willst du mehr wissen, musst du die Karte zu Hilfe nehmen. Sie zeigt dir den **Grundriss** der Stadt, ähnlich wie das Senkrechtluftbild. Allerdings sind viele Einzelheiten weggelassen. Dafür wurden die Namen von Straßen, Gewässern und Gebäuden sowie Parkplätze eingetragen.

1. Suche im Senkrechtluftbild und auf der Karte (*M2* und *M3*): Hochhaus, Schiffsanleger, Nordermole, Südermole, Kurhaus. Welche Farben haben die Gebäude auf der Karte? Die Legende gibt Auskunft.

2. Schrägluftbild und Senkrechtluftbild: Nenne Unterschiede.

3. a) Senkrechtluftbild und Karte: Nenne Unterschiede.
b) Ist der Verlauf der Personenfährverbindung auf der Karte und auf dem Senkrechtluftbild zu erkennen?

4. Erläutere den Begriff der Legende.

5. Lege Transparentpapier auf *M2* und beschrifte mithilfe von *M3*.

M3: Kartenskizze

Die Nordrichtung

Im Gegensatz zu einem Schrägluftbild weist ein Senkrechtluftbild nicht in eine bestimmte Himmelsrichtung. In der Kartenskizze (M3), die auf der Grundlage des Senkrechtluftbildes entstanden ist, zeigt ein Pfeil die Nordrichtung an. Zumeist wird das Kartenbild aber so ausgerichtet, dass der obere Kartenrand nach Norden zeigt (vgl. S. 17 M1). In diesen Fällen wird auf den Nordpfeil verzichtet.

Wie komme ich zur Nordermole?

Adriane hat sich in Travemünde verlaufen. Weil sie aber einen Stadtplan lesen und die Himmelsrichtungen bestimmen kann, findet sie zur Nordermole zurück. Dort warten ihre Freundinnen auf sie. Ihr Standort ist auf dem Plan eingetragen.

Über den Stadtplan ist ein Gitternetz gelegt. Das sind die blauen Linien. Sie bilden sogenannte Planquadrate. Mit den Buchstaben A, B, C am oberen und unteren Kartenrand und den Zahlen 1, 2, 3, 4 am seitlichen Kartenrand kann man jedes Planquadrat genau bestimmen. Das Planquadrat unten links heißt „A 4". So kann man Straßen und Gebäude leicht finden.

1. In welchem Planquadrat auf dem Stadtplan befindet sich der Standort von Adriane? Wie heißt die Straße?

2. Hilf Adriane, den Weg zur Nordermole zu finden. Beschreibe den Weg mithilfe der Straßennamen und der Planquadrate.

3. Die Nordermole liegt im Planquadrat ... .

4. Der Kurpark liegt im Planquadrat ... .

M1: Stadtplanausschnitt von Travemünde

Stimmt die Richtung?

Mit Karte und Kompass
Orientieren heißt „sich zurechtfinden". In der Stadt hilft ein Stadtplan. Dazu musst du die Himmelsrichtungen kennen und den Plan nach den Himmelsrichtungen ausrichten können.

Wenn du einen Kompass mitnimmst, ist das nicht schwer. Er enthält eine **Windrose**. Darauf sind die Himmelsrichtungen mit ihren Abkürzungen eingetragen. Die Kompassnadel zeigt immer nach Norden in Richtung Nordpol. Wenn du den Kompass so lange drehst, bis die Nadel auf den Buchstaben N für Norden zeigt, kannst du die Himmelsrichtungen im Gelände angeben. Die meisten Stadtpläne sind so gezeichnet, dass Norden am oberen Kartenrand ist.

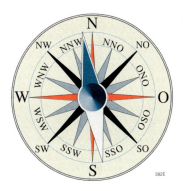

M2: Kompass mit Windrose

Andere Möglichkeiten der Orientierung
Hast du keinen Kompass, kannst du dir folgendermaßen helfen: An vielen Häusern sind Schüsseln für den Fernseh-Satellitenempfang angebracht. Die Schüsseln zeigen nach Süden. Anhand freistehender Bäume kannst du ebenfalls die Himmelsrichtungen bestimmen. Da bei uns der Wind häufig aus westlichen Richtungen kommt, neigen sich die Kronen dieser Bäume nach Osten.

Wenn die Sonne scheint, gibt es noch eine dritte Möglichkeit die Himmelsrichtungen zu bestimmen. Du brauchst dazu eine Uhr mit Zeigern. Gehe wie folgt vor:
1. Schaue von oben auf die Uhr.
2. Dreh die Uhr so, dass der Stundenzeiger auf die Sonne zeigt.
3. Die Himmelsrichtung Süden liegt jetzt in der Mitte zwischen dem Stundenzeiger und der Zahl 12. *M3* gibt Hinweise zum Verständnis.

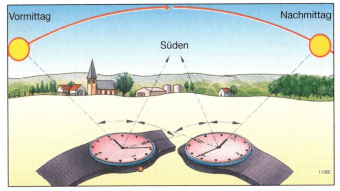

M3: Bestimmung der Himmelsrichtung

Merkvers
Im Osten geht die Sonne auf, im Süden steigt sie hoch hinauf, im Westen wird sie untergehen, im Norden ist sie nie zu sehen.
(Anmerkung: Aussage gilt nur für die Nordhalbkugel)

5. Nenne drei Möglichkeiten zur Bestimmung der Himmelsrichtungen.

6. In welche Himmelsrichtungen zeigen die roten Pfeile a) bis i)?

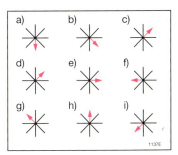

7. Vergleiche mit dem Stadtplanausschnitt *(M1)*: In welche Himmelsrichtung weist das Foto (*M1* auf Seite 16)?

Der Maßstab – ein Maß für die Verkleinerung

Fabian hat seinen Fahrradschlüssel verloren. Dann entdeckt er ihn neben dem Eingang zur Schule hinter einem Baum. Auf *M1* ist der Schlüssel so groß wie in Wirklichkeit. Das Bild hat den Maßstab 1 : 1 (sprich: *„eins zu eins"*).

Auf *M2* ist der Schlüssel 10-mal kleiner. Das Bild hat den Maßstab 1 : 10 (sprich: *„eins zu zehn"*).

Die Maßstäbe der übrigen Bilder sind noch kleiner. Der Schlüssel ist nicht mehr zu erkennen. Dafür ist auf *M4* die ganze Schule mit der Umgebung abgebildet.

Der Maßstab ist also ein Maß für die Verkleinerung. Je größer die Zahl hinter dem Doppelpunkt umso kleiner ist der Maßstab.

Unterschiedliche Maßstäbe – unterschiedliche Darstellungsformen

Beide Karten (*M5* und *M6*) enthalten die Städte Kiel und Lübeck. *M6* hat einen kleineren Maßstab als *M5*. Alles ist kleiner dargestellt. Vieles wurde weggelassen, so zum Beispiel der Ort Laboe. Dafür ist auf der Karte *M6* ein größeres Gebiet abgebildet.

Auf vielen Karten gibt es eine Maßstabsleiste. Sie besteht aus einer Geraden, auf der die Entfernung für eine bestimmte Strecke bereits in Kilometern angegeben ist. Sie erspart das Umrechnen. Man kann mit einem Lineal abmessen, wie lang eine Strecke auf der Karte in Wirklichkeit ist.

M1: Maßstab 1 : 1

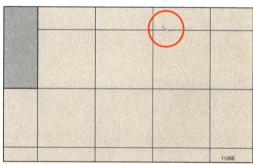

M2: Maßstab 1 : 10

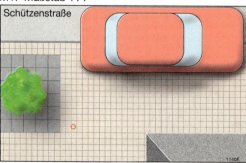

M3: Maßstab 1 : 100

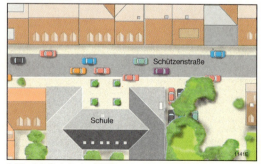

M4: Maßstab 1 : 1000

M5: Kartenausschnitt im Maßstab 1 : 750 000

Ein Rechenbeispiel:

Die Karte (M5) hat den Maßstab 1 : 750 000 (sprich: *„eins zu siebenhundertfünfzigtausend"*). Alles ist 750 000-mal kleiner als in der Wirklichkeit. 1 cm auf der Karte sind 750 000 cm in der Wirklichkeit.
750 000 cm = 7500 m = 7,5 km.
1 cm auf der Karte sind also 7,5 km in der Wirklichkeit.

Die Entfernung zwischen zwei Punkten auf dieser Karte beträgt 5 cm.
5 · 7,5 km = 37,5 km
Die Entfernung beträgt in der Wirklichkeit also 37,5 km.

M6: Kartenausschnitt im Maßstab 1 : 1 500 000

1. Ordne die Maßstäbe. Nenne den größten Maßstab zuerst und den kleinsten zuletzt.
Maßstab 1 : 1 000 000
Maßstab 1 : 140 000 000
Maßstab 1 : 50 000
Maßstab 1 : 10 000
Maßstab 1 : 500 000

2. Fabians Fahrradschlüssel sieht immer kleiner aus. Schließlich ist er nicht mehr zu erkennen (M1 – 4). Erkläre.

3. Übertrage die Schule in M4 in dein Heft. Markiere nun die Lage von Fabians Fahrradschlüssel mit einem roten Punkt.

4. Miss auf beiden Karten (M5 und 6) mit einem Lineal die Entfernung zwischen den Städten Kiel und Lübeck in cm. Benutze die Maßstabsleisten und ermittele die tatsächliche Entfernung. Was fällt dir auf?

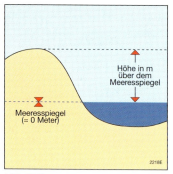

M1: Höhenmessung vom Meeresspiegel aus

Karten haben verschiedene Themen

M2 ist eine **physische Karte**. Sie zeigt die Landhöhen, die Lage wichtiger Orte und den Verlauf der Gewässer. Die Landhöhen werden durch **Höhenlinien** und **Höhenschichten** dargestellt. Höhenlinien verbinden Punkte, die in gleicher Höhe über dem Meeresspiegel liegen. Höhenschichten sind Flächen zwischen zwei Höhenlinien. Sie werden farbig ausgemalt. Es entstehen Farbstufen. Mit zunehmender Höhe wechselt die Farbe: grün, gelb, hellbraun, dunkelbraun. Dort, wo Höhenlinien und Höhenschichten dicht beieinander liegen, ist das Gelände steil, wo sie weit auseinander liegen, ist das Gelände flach. Mit der Schummerung werden die Schatten der Berge herausgearbeitet. Sie wirken dadurch sehr plastisch *(M4)*.

M3 ist eine **thematische Karte**. Hier geht es um das Thema Wirtschaft. Bodennutzung, Bodenschätze und Industrien sind dargestellt. Die Farben haben eine andere Bedeutung als die auf der physischen Karte. Dunkelgrün zeigt beispielsweise die Lage von Erdölvorkommen an.

M2: Ausschnitt aus der physischen Karte von Schleswig-Holstein

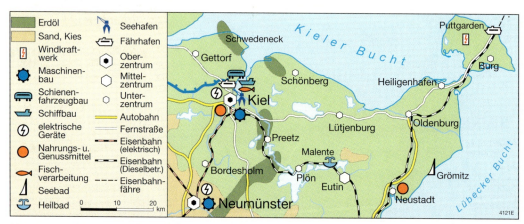

M3: Ausschnitt aus der Wirtschaftskarte von Schleswig-Holstein

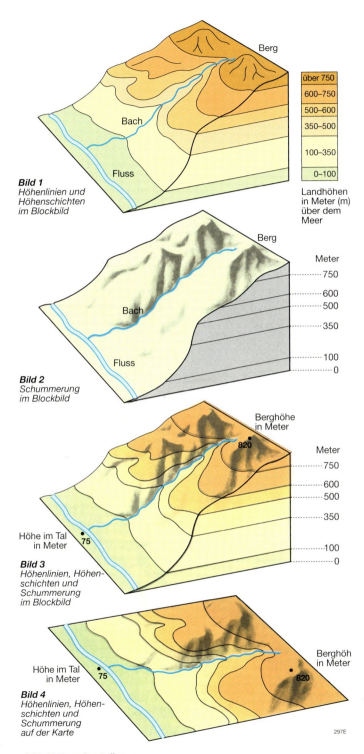

Bild 1 Höhenlinien und Höhenschichten im Blockbild

über 750
600–750
500–600
350–500
100–350
0–100

Landhöhen in Meter (m) über dem Meer

Bild 2 Schummerung im Blockbild

Bild 3 Höhenlinien, Höhenschichten und Schummerung im Blockbild

Bild 4 Höhenlinien, Höhenschichten und Schummerung auf der Karte

M4: Höhendarstellungen

Register

Im Atlas findest du ein Verzeichnis aller Namen, die im Atlas vorkommen. Dieses Verzeichnis heißt Register. Im Register sind hinter den Namen die Seitenzahlen angegeben, auf denen sie im Atlas vorkommen. Als zusätzliche Hilfe werden die Planquadrate genannt. Das Register befindet sich am Ende des Atlas.
So bedeutet z.B. der Eintrag „Gafsa 84/85, D1", dass der Name sich auf einer Karte auf den Seiten 84 und 85 befindet. D1 bezeichnet das Planquadrat. Wenn du nachschlägst, stellst du fest, dass Gafsa eine Stadt in Tunesien (Afrika) ist. Ihre Einwohnerzahl liegt zwischen 20 000 und 100 000.

1. Schreibe den vollständigen Satz in dein Heft: Höhenlinien verbinden Punkte, die … über dem Meeresspiegel liegen.

2. a) Wie hoch liegt Oldenburg über dem Meeresspiegel *(M2)*?
b) Wie hoch liegt der Bungsberg über dem Meeresspiegel *(M2)*?
c) Wie hoch liegt die Spitze des Bungsberges über Oldenburg *(M2)*?

3. Übertrage die folgende Tabelle in dein Heft und ergänze mithilfe des Atlas die Höhenangaben der Berge:

Region	höchster Berg	Höhe
Schulort	(?)	(?)
Schleswig-Holstein	Bungsberg	(?)
Deutschland	Zugspitze	(?)
Europa	Montblanc	(?)
Asien	Mt. Everest	(?)

4. Beschreibe anhand von *M3* die Lage der Erdölvorkommen im Osten Schleswig-Holsteins.

In Deutschland unterwegs

1. Lege dir eine Tabelle an und ordne den Ziffern 1–18 im Tourneeplan *(M3)* die richtigen Städte zu (Atlas, Karte: Deutschland – physisch).

Kennziffer	Gastspielort
1	Braunschweig
2	?
usw.	

2. Miss die Entfernungen (Luftlinie) zwischen den Gastspielorten *(M3)*. Addiere dann die Teilstrecken und berechne die ungefähre Gesamtstrecke der Tournee.

Großlandschaften in Deutschland

Innerhalb Deutschlands lassen sich von Norden nach Süden vier Großlandschaften unterscheiden:

Norddeutsches Tiefland
in den Eiszeiten geprägt, geringe Höhenunterschiede, sanft gewellt, Flachland, Höhen um 200 m.

Mittelgebirge
größere Höhenunterschiede, bis 1500 m aufsteigend, die Berge abgerundet oder schroff, Täler und Senken.

Alpenvorland
von den Eiszeiten geprägt, geringe Höhenunterschiede, sanft gewellt, hoch gelegen, zu den Alpen bis 1500 m ansteigend.

Alpen
sehr große Höhenunterschiede, meist steile, schroffe Berge von 1500 m bis 3000 m, darüber Gletscher, sehr tiefe Täler.

M1: Attraktionen im „Circus Fliegenpilz"

Ein Zirkus auf Deutschlandtournee – Unterricht im „fahrenden Klassenzimmer"

Vor der Schultür tummeln sich Pferde und ein Dromedar. Die Luft riecht nach Sägespänen und Popcorn. Die Lehrerin und die Schüler ziehen vor der Klassentür die Schuhe aus um keinen Dreck ins Klassenzimmer zu tragen. Es ist ein besonderes Klassenzimmer: die Schule des „Circus Fliegenpilz".

Eine Schülerin und zwei Schüler werden in der wohl kleinsten Schule Deutschlands unterrichtet. Beatrix ist die Tochter des Kapellmeisters, Clinton ist der Sohn des Dompteurs Charles Knie und Sven der Sohn von Zirkusdirektor Hölscher. Sven ist im sechsten Schuljahr, Beatrix und Clinton sind im fünften Schuljahr.

Der Unterricht beginnt erst um zehn Uhr vormittags, denn durch den täglichen Zirkusbetrieb kommen die Kin-

M2: Das „fahrende Klassenzimmer"

der sehr spät ins Bett. Weil auch nach dem Mittagessen noch gelernt wird, fallen die Hausaufgaben weg. Trotzdem müssen die drei Zirkusschüler „pauken": für Klassenarbeiten und gute Zeugnisnoten.

Die Ferien beginnen in der Zirkusschule erst im November. Dann geht der Zirkus in der Nähe der Stadt Hameln ins Winterlager. Drei Monate Ferien hintereinander ist eine tolle Sache für die drei.

Im März beginnt die neue Saison. Vom Frühling bis zum Herbst rollt die Zirkusschule dann wieder quer durch Deutschland – von Stadt zu Stadt, von Landschaft zu Landschaft.

Vielleicht trefft ihr Sven, Beatrix und Clinton demnächst bei euch und ist unter den Gastspielorten der nächsten Jahre ja sogar euer Wohnort. Eine Tournee durch Norddeutschland ist nämlich bereits in Planung. Der Besuch im „Circus Fliegenpilz" lohnt sich jedenfalls.

3. Ordne den folgenden Gastspielorten des Zirkus die Großlandschaft zu, in der die jeweilige Stadt liegt: Hannover, Leipzig, Koblenz, Pforzheim, Augsburg (M3, Atlas, Karte: Deutschland – physisch).

M3: Tourneeplan und Gastspielorte

M1: Die Großlandschaften Deutschlands

M2: Norddeutsches Tiefland

> Am Meer gefällt es mir besonders gut. Einmal gastierten wir auf Norderney. In welchem Meer liegt diese Insel und zu welcher Inselgruppe gehört sie?
>
> Sven

1. Ordne den Großlandschaften Deutschlands *(M1)* folgende Städte zu:
Rostock, Kassel, Reutlingen, Münster, Saarbrücken, Zwickau, München (Atlas, Karte: Deutschland – physisch).

2. Bestimme im Landschaftsquerschnitt *(M3)* die gesuchten Städte (1–3) und Gebirge (A, B) *(Atlas, Karte: Deutschland – physisch)*.

3. Ermittele die Nord-Süd- und West-Ost-Ausdehnung von Deutschland. Miss hierzu die Entfernung von Aachen bis Görlitz und von Flensburg bis Oberstdorf *(Atlas, Karte: Deutschland – physisch)*.

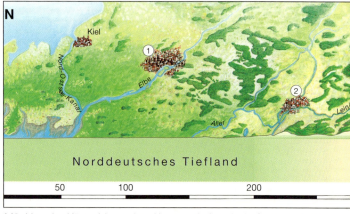

M3: Von der Küste bis zu den Alpen – ein Landschaftsquerschnitt

M4: Mittelgebirge

M5: Alpenvorland und Alpen (Hochgebirge)

Unser Winterlager in der Nähe von Hameln. ...heißt der Fluss, an dem diese ...dt liegt? Welche beiden Ge... ...ge liegen in der Umgebung?

Beatrix

Dieses Jahr war A.g.b..g unser letzter Gastspielort. Die Stadt liegt im Alpenvorland am Lech. Findet ihr den Namen dieser Großstadt heraus?

Clinton

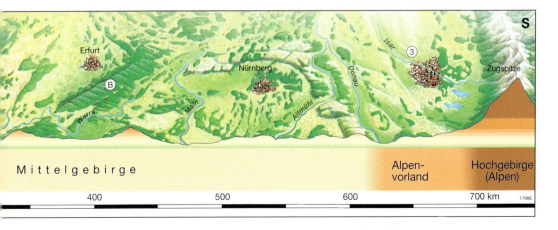

Was ist ein Verdichtungsraum

Für einen Verdichtungsraum gelten diese Merkmale:
- Mindestgröße: 100 km²
- Mindesteinwohnerzahl: 150 000
- Bevölkerungsdichte: mindestens 1000 Einwohner auf einem km²

Wochenlang Hochbetrieb

Manchmal bleibt der Zirkus viele Wochen in einer Stadt, so wie letzten Sommer in Frankfurt am Main. Sechs Wochen lang strömten täglich 2500 Besucher in die Vorstellungen. Im Rhein-Main-Gebiet wohnen besonders viele Menschen auf engem Raum. Es ist ein **Verdichtungsraum**. Hier „konzentriert" sich die Bevölkerung. Benachbarte Städte wachsen allmählich zusammen. Viele Zuschauer kamen auch aus den umliegenden Städten. Sven, Beatrix und Clinton hatten in den Pausen am Zirkuskiosk alle Hände voll zu tun. Sie verkauften Popcorn, Limonade und Eis in riesigen Mengen.

Doch einmal geht auch das längste Gastspiel zu Ende und im Zirkus macht sich Aufbruchstimmung breit. Dann müssen die drei Zirkuskinder beim Umzug mithelfen. Nach über 70 Vorstellungen im Rhein-Main-Gebiet zieht die Zirkuskarawane nun weiter.

M1: Werbeanzeige

M2: Verdichtungsräume mit den meisten Einwohnern in Deutschland in der Rangfolge von 1 bis 10

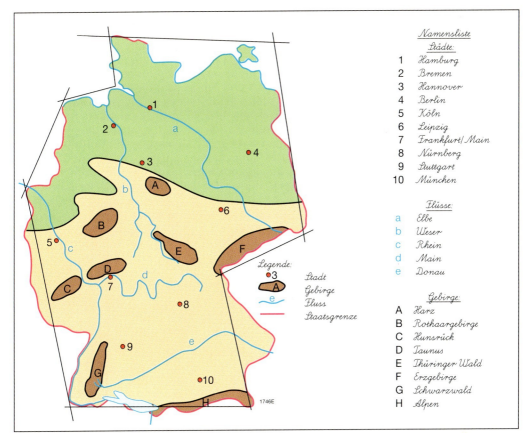

M3: Kartenskizze Deutschland

Die Kartenskizze – eine Orientierungshilfe

Die Kartenskizze zeigt in einfacher Darstellung Gebirge, Städte und Flüsse, die einen Raum, zum Beispiel ein Land oder einen Erdteil, prägen.
Auch du kannst eine solche Zeichnung anfertigen:
• Zeichne zuerst den groben Umriss des Raumes, zum Beispiel die Grenzen Deutschlands. Gerade Hilfslinien erleichtern die Arbeit.
• Lege nun eine Auswahl von Gebirgen, Städten, Flüssen fest und zeichne sie ein.
• Achte auf Übersichtlichkeit. Dazu kannst du alle eingezeichneten Gebirge, Flüsse und Städte durchnummerieren oder mit Buchstaben versehen. Erstelle dann zu den Buchstaben und Zahlen eine Namensliste.
• Durch Farben lassen sich die Eintragungen hervorheben: zum Beispiel Gebirge braun, Tiefland grün und übriges Land gelb ausmalen; Städte als rote Punkte markieren usw.
• Lege eine Legende an und gib der Skizze eine Überschrift.

1. Nimm ein DIN-A4-Blatt und zeichne wie in *M3* eine Kartenskizze von Deutschland, nur größer! Zeichne in deine Skizze Folgendes ein:
• Städte: Hamburg, Berlin, Leipzig, Frankfurt/Main, Köln, Bremen, Hannover, München, Stuttgart, Nürnberg
• Flüsse: Rhein, Main, Donau, Elbe, Weser
• Gebirge: Harz, Rothaargebirge, Erzgebirge, Thüringer Wald, Hunsrück, Taunus, Schwarzwald, Alpen
• Ergänze in deiner Kartenskizze die folgenden Gastspielorte des „Circus Fliegenpilz": Potsdam, Halle, Erfurt, Karlsruhe, Koblenz, Pforzheim, Mannheim, Würzburg *(Atlas, Karte: Deutschland – physisch)*.

Orientierung in Deutschland

In den Winterferien fahren wir in dieses Gebirge zum Ski laufen.

Die drei Kinder aus der Zirkusschule hoffen, dass dir die Tournee mit dem „Circus Fliegenpilz" Spaß gemacht hat und du dich nun in Deutschland orientieren kannst. Viele Städte, Gebirge und Flüsse sind dir auf der Gastspielreise begegnet. Aber wie du feststellen kannst, konnte der Zirkus in einem Jahr nicht in allen Bundesländern Deutschlands gastieren. Auf diesen Seiten kannst du dein Wissen vertiefen und die Länder Deutschlands mit ihren Landeshauptstädten kennenlernen.

Zum Schluss noch ein Tipp: Gestaltet doch einmal einen Steckbrief zu den Bundesländern Deutschlands mit Angaben zur Flächengröße, Einwohnerzahl, den größten Städten, Flüssen, Seen, Gebirgen und dem Landeswappen.

1. In welches Gebirge fährt Sven mit seinen Eltern zum Skilaufen *(Atlas, Karte: Deutschland – physisch)*?

2. Bestimme mit dem Atlas alle Eintragungen in der Übungskarte Deutschland *(M1)*. Lege dir dazu eine große Tabelle an *(Atlas, Karte: Deutschland – physisch)*.

 Deutschland

Deutschland ist ein Bundesstaat. Er besteht aus 16 Ländern. Die Hauptstadt von Deutschland ist Berlin. Jedes Bundesland hat eine eigene Hauptstadt, einen Landtag und eine Landesregierung.

①–⑭ Gebirge   ①–⑤ Insel/Landschaft   ⎯ Staatsgrenze
▲2962 Berg   • Lu. Stadt   ⎯ Ländergrenze
a–x Gewässer

M1: Deutschland – Übungskarte

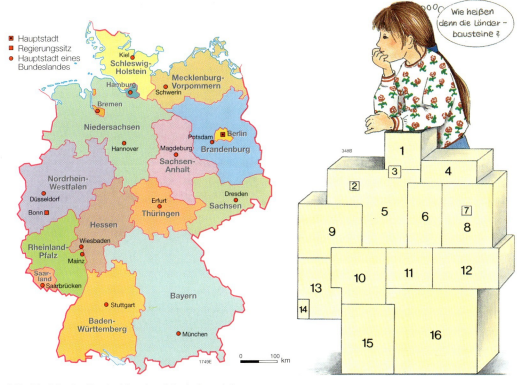

M2: Die Länder Deutschlands – Länderbausteine

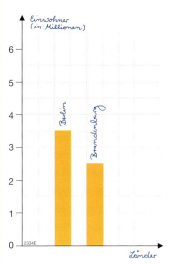

Bundesland	Fläche in km²	Einwohner in Mio.
Baden-Württemberg	35 800	10,1
Bayern	70 600	11,8
Berlin	890	3,5
Brandenburg	29 100	2,5
Freie und Hansestadt Bremen	400	0,7
Freie und Hansestadt Hamburg	760	1,7
Hessen	21 100	5,9
Mecklenburg-Vorpommern	23 600	1,9
Niedersachsen	47 400	7,6
Nordrhein-Westfalen	34 100	17,7
Rheinland-Pfalz	19 800	3,9
Saarland	2 600	1,1
Sachsen	18 300	4,6
Sachsen-Anhalt	20 400	2,8
Schleswig-Holstein	15 700	2,7
Thüringen	16 300	2,5

M3: Einwohner und Größe der Bundesländer

M4: So zeichnest du ein Stabdiagramm richtig!

3. Ordne die Länderbausteine in M2 den einzelnen Bundesländern Deutschlands zu: (z.B. 1 – Schl…).

4. Ordne mithilfe der Angaben in der Tabelle (M3) die 16 Bundesländer Deutschlands nach der Größe der Landesfläche.

5. Zeichne zu den Einwohnerzahlen der 16 Bundesländer (M3) ein Stabdiagramm. Nimm für je eine Million Einwohner einen Abstand von 1 cm (oder 2 Rechenkästchen). M4 zeigt dir, wie du das Diagramm anlegen kannst.

31

M1: Teddybär „Homer"

Teddybär auf Weltreise

Ein Teddybär namens Homer ist nach einer fünfmonatigen Reise rund um die Erde wieder in seiner Heimat Los Angeles in Kalifornien/USA angekommen. Zusammen mit dem Kuscheltier landeten auf dem Flughafen von L.A. sechs Reisetaschen, gefüllt mit Souvenirs, Fotos und Zeitungsausschnitten. Ein Reisetagebuch, das Teddy in seinem Rucksack bei sich trug, war bis auf die letzte Seite gefüllt. Darin standen Erlebnisse aus den Ländern, die der Teddybär auf seiner Weltreise kennenlernte. Homer war im Januar 1993 von Kindern der fünften Klasse in Los Angeles ins Flugzeug gesetzt worden. Reisende in aller Welt schrieben den Kindern von ihrer Begegnung mit dem Teddy und die verschiedenen Flugzeugcrews sorgten für seine sichere Rückkehr am 1.6.1993. Die Schülerinnen und Schüler wollen nun Homers Erlebnisse im Erdkundeunterricht auswerten.

(nach einem Zeitungsbericht)

1. Finde die Reiseländer von Teddy mithilfe von *M2* und dem *Atlas (Karte: Erde – Staaten)* heraus.

2. Ein Klassentipp! Wie wär's mal, gemeinsam das Wandbild „Teddys Flugreise um die Welt" herzustellen?
– Zeichnet dazu eine große Weltkarte mit den Umrissen der Staaten.
– Spannt mit Wollfäden die Flugroute von Reiseland zu Reiseland.
– Ergänzt die Karte mit „Länder-Steckbriefen" und den Flaggen.

Auf seiner Flugreise rund um die Welt hat der Teddybär folgende Länder gesehen (Auswahl):

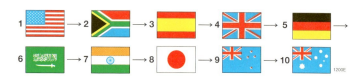

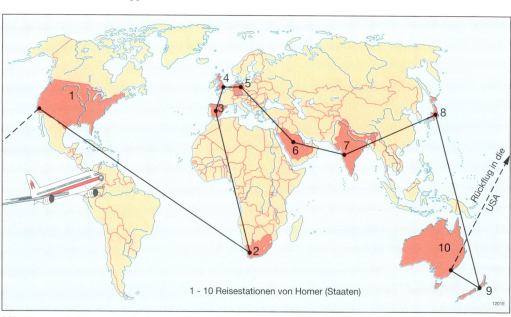

M2: Homers Reise um die Welt

Die Erde erkunden

Das Wichtigste kurz gefasst

Astronauten sehen die Erde

Im Weltraum von der Erde aufgenommene Fotos zeigen die Kugelgestalt unseres Planeten. Das verkleinerte Modell der Erde ist der Globus. Durch den Nordpol und den Südpol verläuft die Erdachse. Der Äquator teilt die Erde in eine Nordhalbkugel und eine Südhalbkugel.
Aufgrund der Drehung der Erde (Rotation) um die eigene Achse wird es Tag und Nacht.
Die großen Festlandmassen werden als Kontinente bezeichnet. Der größte Teil des Festlandes liegt auf der Nordhalbkugel. Auf der Südhalbkugel herrschen die Wasserflächen der großen Ozeane vor.

Entdeckungsfahrten und Expeditionen

Wagemutige Seefahrer, wie Kolumbus oder Magellan, trugen mit ihren Entdeckungsreisen dazu bei die Kugelgestalt der Erde zu beweisen. Auf diesen Reisen über die großen Ozeane waren sie vielen Gefahren ausgesetzt. Von ihren Entdeckungsfahrten brachten sie neue Erkenntnisse mit. Die Berichte von fremden Völkern und reichen Schätzen verlockten weitere Abenteurer sich auf die Weltmeere zu wagen. An der Kugelgestalt der Erde konnte nach der ersten Weltumsegelung (1519-1521) nicht mehr gezweifelt werden.

Arbeit mit Karten

Eine Karte zeigt verkleinert die Erdoberfläche oder einen Ausschnitt von ihr. Viele Einzelheiten sind weggelassen. Wichtiges wird mit Namen, Farben und Zeichen hervorgehoben und in der Legende erklärt. Der Maßstab ist das Maß für die Verkleinerung. Mithilfe von Höhenlinien und Höhenschichten werden die Oberflächenformen der Landschaft dargestellt.

In Deutschland unterwegs

Deutschland erstreckt sich von Norden nach Süden (von Flensburg bis Oberstdorf) über ca. 800 km und von Westen nach Osten (von Aachen bis Görlitz) über ca. 600 km. Im Norden grenzt es an die Nordsee und Ostsee, im Süden an den Bodensee.
Deutschland lässt sich von Norden nach Süden in Großlandschaften unterteilen: Norddeutsches Tiefland, Mittelgebirge sowie Alpenvorland und Alpen (Hochgebirge).
Deutschland besteht aus 16 Bundesländern mit eigenen Hauptstädten. Hinsichtlich der Merkmale und Funktionen von Räumen unterscheidet man Agrarräume, Erholungsräume und Verdichtungsräume. In Verdichtungsräumen wohnen besonders viele Menschen auf engem Raum. Benachbarte Räume wachsen zusammen. Die größten Verdichtungsräume in Deutschland sind Rhein-Ruhr, Berlin, Rhein-Main und Stuttgart.

Grundbegriffe

Planet
Sonne
Sonnensystem
Trabant
Gradnetz
Längenkreis
Breitenkreis
Äquator
Schrägluftbild
Senkrechtluftbild
Karte
Grundriss
Kompass
Windrose
physische Karte
Höhenlinie
Höhenschicht
thematische Karte
Verdichtungsraum

34

Wie wir und andere leben

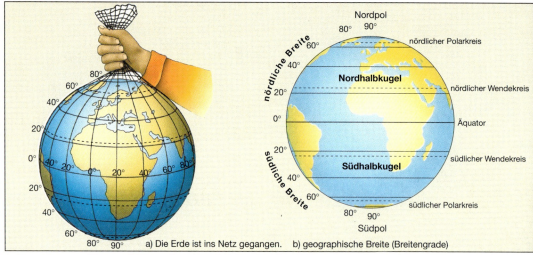

a) Die Erde ist ins Netz gegangen.   b) geographische Breite (Breitengrade)

M1: Das Gradnetz und die Klimazonen

Klimazonen und Landschaftsgürtel

Klima – Gradnetz – Klimazonen

Temperatur und Niederschlag sind die beiden Hauptmerkmale des Klimas. Klima bezeichnet immer das Typische dieser Erscheinungen an einem Ort der Erde. Fasst man nun die Gebiete mit gleichem Klima zusammen, ergeben sich Klimazonen. Sie ziehen sich wie Gürtel um die Erde.

Zur Beschreibung der Lage eines Ortes auf der Erde oder auch der **Klimazonen** dient das Gradnetz *(s.S. 9)*. Dieses Gitternetz aus Längenkreisen und Breitenkreisen hilft uns den Verlauf der Klimazonen zu verfolgen. Stark vereinfacht lassen sich mithilfe des Gradnetzes auf jeder Erdhalbkugel folgende Klimazonen unterscheiden:

- Dort, wo es das ganze Jahr über kalt ist und der Niederschlag als Schnee fällt, liegen die beiden Polarzonen. Sie werden von den Polarkreisen begrenzt und reichen bis zum Nord- bzw. Südpol.

- Im Bereich des Äquators ist es das ganze Jahr über warm. In unmittelbarer Nähe des Äquators fallen hohe Niederschläge und es gibt keine Jahreszeiten. Das gesamte Gebiet zwischen nördlichem und südlichem Wendekreis ist ganzjährig warm und wird als Tropen bezeichnet.

- Zwischen der tropischen Zone und den Polarzonen dehnen sich auf jeder Halbkugel die gemäßigten Zonen aus. Dort herrschen gemäßigte Temperaturen, jahreszeitliche Temperaturunterschiede und ganzjährige Niederschläge.

Außer diesen drei Zonen gibt es Übergangszonen mit der Vorsilbe „sub" (z.B. subtropische Zone).

1. Was versteht man unter „Klima" und „Klimazonen"?

2. Welche Breitenkreise begrenzen die Polarzone und die ganzjährig warme Zone (Tropen) *(M1d)*?

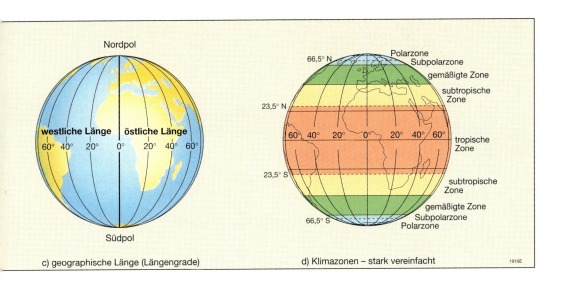

c) geographische Länge (Längengrade)

d) Klimazonen – stark vereinfacht

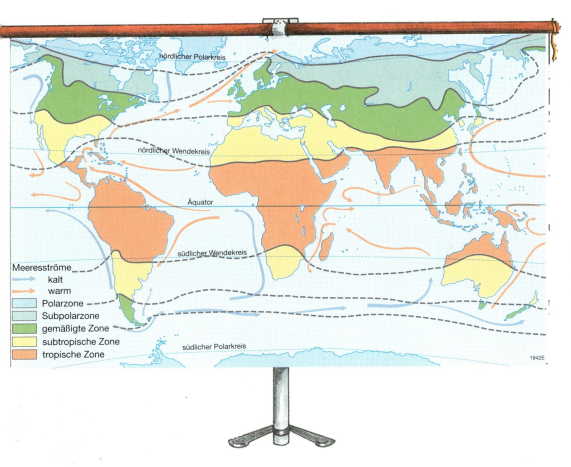

M2: Klimazonen der Erde

37

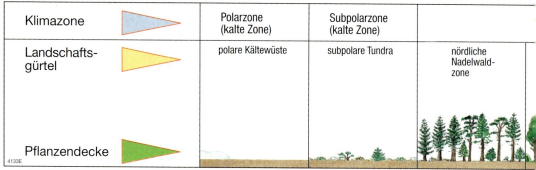

Klimazone		Polarzone (kalte Zone)	Subpolarzone (kalte Zone)	
Landschafts-gürtel		polare Kältewüste	subpolare Tundra	nördliche Nadelwaldzone
Pflanzendecke				

M1: Das Klima beeinflusst die Pflanzendecke: die Landschaftsgürtel vom Nordpol zum Äquator

Landschaftsgürtel der Erde

1. Klimagürtel und Landschaftsgürtel ergänzen sich. Erläutere.

2. Beschreibe die verschiedenen Landschaftsgürtel von der polaren Kältewüste bis zu den immerfeuchten Tropen.

3. Ordne die Fotos a-j einem Landschaftsgürtel zu.

4. In welchen Landschaftsgürteln liegen folgende Gebiete: Grönland, Kasachstan, Saudi-Arabien, Zentralafrika, Südafrika?

Ähnlich wie die Klimazonen erstrecken sich auch die Landschaftszonen wie Gürtel um die Erde. Wir sprechen daher von **Landschaftsgürteln**. Da das Klima die wichtigste Grundlage der Landschaftsgürtel ist, gibt es viele Ähnlichkeiten im Verlauf von Klimazonen und Landschaftsgürteln. Für die Landschaftsgürtel sind weiterhin die Oberflächenformen, der Boden und die Tätigkeit der Menschen wichtig. Während die Karte der Klimazonen *(s.S. 37)* ausschließlich die klimatischen Merkmale der Erde zeigt, bringt *M3* das Zusammenwirken aller natürlichen Einflüsse zum Ausdruck.

M2: Pflanzendecke: Was wächst wo?

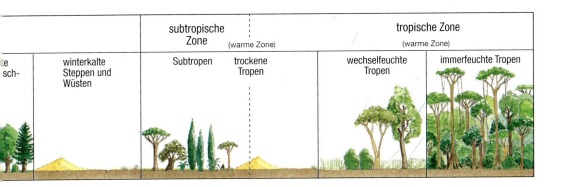

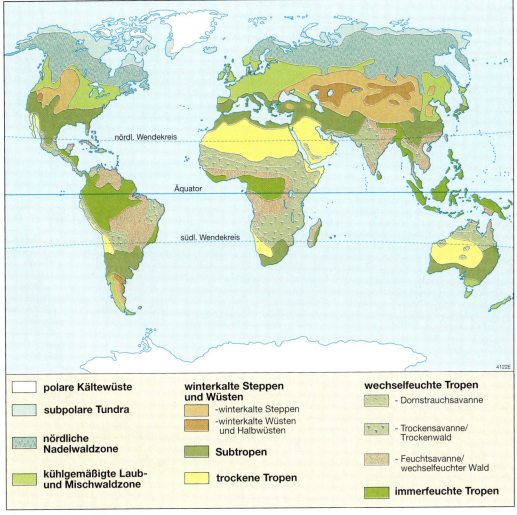

M3: Landschaftsgürtel der Erde

Leben in den Polarregionen
Inuit auf Grönland

Robbenjagd in der Eiswüste Grönlands

Der Schneesturm hat sich gelegt. Ituku und Tukaq kriechen aus ihrem **Iglu** ins Freie. Diese halbkugelförmige Hütte aus Eisblöcken bauen sich die Inuit, wenn sie auf Wanderschaft sind, zum Beispiel um Robben zu fangen. Ituku ruft etwas Unverständliches zu den Hunden hinüber und ist im Nu von den Vierbeinern umringt. Sie spüren, dass es zur Jagd geht. Ituku spannt die Tiere vor den Schlitten, den Tukaq inzwischen gepackt hat. „*Ka-ka!*", auf diesen kurzen Befehl hetzen die Hunde davon.

Stunden schon zieht das Gespann durch die Eiswüste. Nur das Knirschen der Schlittenkufen und das Hecheln der Hunde ist zu hören, sonst nichts. Doch plötzlich verschärfen die Hunde das Tempo. Sie haben die Witterung einer Robbe aufgenommen und bringen die Jäger zu einer Stelle, wo Löcher im Eis sind. „*Hier tauchen die Robben kurz auf um Luft zu holen. Aber ich weiß, wie ich sie überlisten kann*", sagt Ituku. Er schirmt ein Atemloch mit Schneeblöcken gegen den Wind ab und befestigt an einer Seite des Loches eine Daunenfeder. „*Die bewegt sich kurz bevor eine Robbe auftaucht*", versichert Ituku.

Zwei Stunden schon steht Ituku regungslos vor dem Atemloch. Seine Augenbrauen und der Oberlippenbart sind mit Eisklümpchen überzogen. Auf einmal greift er zur Harpune und zielt auf das Atemloch. Alles geschieht im Zeitlupentempo. Dann stößt er blitzschnell zu. Der Schnee und das Eis verfärben sich blutrot. „*Getroffen!*", jubelt Ituku. Tukaq, der auf die Hunde aufgepasst hat, eilt herbei. Die beiden Inuit umarmen sich und springen vor Freude in die Luft. Sie haben Jagdglück gehabt und Beute gemacht.

---

i

Warum die Inuit keine „Eskimos" sein wollen

Für die Inuit ist der Begriff „Eskimo" ein Schimpfwort. In ihrer Sprache bedeutet er nämlich „Rohfleischesser". Nur in Zeiten, in denen die Inuit kein Brennmaterial zum Kochen hatten, aßen sie auch rohes Fleisch. Das Wort „Inuit" heißt übersetzt „Menschen".

M1: Der Iglu – Behausung während der Jagdzeit

M2: Ituku, ein grönländischer Inuit

Ituku ist ein Inuit. Er wohnt in einem Dorf auf Grönland. Um sich und seine Familie zu ernähren geht er auf die Jagd und fängt Fische. Er ist Selbstversorger und macht immer nur so viel Beute, wie er für den eigenen Bedarf braucht.

M3: Lebensraum der Inuit in Nordamerika und Grönland

Fleisch, Speck		Nahrungsmittel teilweise roh oder gefroren
Häute, Felle		Kleidung, Schuhe, Boots- und Zeltbespannungen, Fütterung für Kleidungsstücke, Jacken und Hosen
Därme, Sehnen		Angelschnüre, Hundeleinen und Riemen
Knochen		Messer, Speerspitzen und Lampen
Fett		Tran für Licht und Wärme
Reste		Hundefutter

M4: Verwertung einer erlegten Robbe

1. Berichte von Itukus Robbenjagd. Nenne weitere Tiere, auf die er Jagd macht *(M5)*.

2. Beschreibe die Wohn- und Lebensbedingungen der Inuit *(M1, M4, M5)*.

3. Die Inuit sind Selbstversorger. Erkläre *(M5)*.

	J	F	M	A	M	J	J	A	S	O	N	D
Wohnverhältnisse						Feste Hütten aus Torf und Stein an der Küste						
	Iglu auf Wanderungen				Zelte auf Wanderungen					Iglu auf Wanderungen		
Fischerei, Robbenfang	Heilbutt					Heilbutt und Dorsch						
	Robbenfang mit Netzen vom Eis aus				Robben- und Walfang im offenen Wasser					Robbenfang vom Eis aus		
Jagd	Fuchs				Rentiere, Moschusochsen, Vögel							
Verkehrsmittel	Hundeschlitten					Kajak				Hundeschlitten		
Lichtverhältnisse	Polarnacht		Wechsel von Tag und Nacht		Polartag (Mitternachtssonne)				Wechsel von Tag und Nacht		Polarnacht	
Eisverhältnisse	Packeis				Treibeis	offenes Wasser				Treibeis	Packeis	
Monat	J	F	M	A	M	J	J	A	S	O	N	D
Temperaturen (°C) Ilulissat	-13,5	-14,4	-12,5	-7,8	0,6	5,9	8,2	6,8	2,5	-3,7	-7,6	-10,8
Ammassalik	-6,8	-7,2	-5,7	-2,7	2,1	5,8	7,4	6,6	4,2	-0,1	-3,1	-5,1

M5: Jahresablauf bei der Jagd und beim Fischfang

Leben in den Trockenräumen Afrikas

M1: Die Oase Fares

i Nomaden am Südrand der Sahara

In den Gebieten am Südrand der Sahara fallen mehr Niederschläge als im Innern der Wüste. Hier wachsen Gras und einzelne Sträucher. Für den Ackerbau reichen die Niederschläge jedoch nicht aus. Pflanzen wie Mais und Hirse würden vertrocknen.
Die Menschen leben von der Viehzucht. Sie betreiben nicht nur Selbstversorgung, sondern auch Fremdversorgung. Alle Waren, die sie nicht selbst herstellen können, erwerben sie im Tauschhandel.
Sie halten Rinder, Ziegen, Schafe oder Kamele. Die Tiere haben die wenigen Pflanzen eines Weideplatzes schnell abgefressen. Daher bleiben die Viehhirten nie lange an einem Ort. Sie sind als Nomaden mit ihren Herden ständig auf Wanderschaft. Ein solches Nomadenvolk sind die Tuareg. Sie leben am Südrand der Sahara. Aus Erfahrung wissen sie, wann es in bestimmten Gebieten regnet. Sie warten dann zunächst, bis die Pflanzen sich von der Trockenheit erholt und neue Samen gebildet haben. Dann dürfen die Tiere auf die Weide.

Wandern um zu überleben

Tatrit ist eine Tuareg-Nomadin am Südrand der Sahara. Sie zieht mit ihrer Großfamilie und ihrer Herde von einem Wasserloch und Weideplatz zum nächsten. Heute sind sie in der Oase Fares am Rande der Wüste Ténéré angekommen. Die Gruppe besteht aus 34 Personen: zwölf Frauen, acht Männern und 14 Kindern. Zunächst müssen die Zelte aufgebaut werden. Das ist für Tatrit und ihre Schwester Raïsha kein Problem. Anschließend zerstampft Raïsha Hirsekörner. Dann schüttet Tatrit die zerstampfte Hirse in den zerbeulten Eisentopf über dem Feuer. Sie fügt Ziegenmilch und Salz hinzu. Das ergibt einen Hirsebrei. Am nächsten Tag unterrichtet Tatrit ihren Sohn Ibrahim. Ibrahim hockt sich neben die Mutter auf den Boden und malt mit dem Finger dieselben Zeichen in den Sand wie sie. Er lernt die Schrift der Tuareg.

„Die Herde!" Fast hätte Tatrit die 18 Ziegen vergessen. Sie treibt sie zum Brunnen und zieht das trübe Wasser aus der Tiefe – zehn schwere Liter pro Eimer, kaum genug um zwei Ziegen zu tränken. Wasser bedeutet Leben: „Aman", „iman" – nur ein Buchstabe unterscheidet die Wörter für Wasser und Leben.

M2: Tatrit beim Aufbau des Zeltes

M3: Das Zelt ist fertig, der Hirsebrei kocht

Tatrit kriecht auf allen vieren ins Zelt. Sie prüft ihren Wasservorrat. Es sind zwei mit Wasser gefüllte Ziegenhäute. Sie baumeln an einer Holzgabel und sind noch immer prall gefüllt. Möge dies immer so sein. Tatrit erinnert sich noch an die letzte Dürre. Die Tiere verdursteten und die Männer zogen in die Ferne. Die Frauen, Kinder und Alten blieben zurück.

Am Abend beginnt das Reiterfest. Tatrit wickelt sich die weißen und bunten Festtücher um den Körper. Dann fängt sie an, ihr Haar zu dünnen Zöpfen zu flechten. Sie legt ihren Schmuck an, ein viereckiges Medaillon. Es wird von zwei ihrer Zöpfe gehalten. Dann kommen die Reiter auf ihren Kamelen hinter den Dünen hervor. Es sind vermummte Gestalten, drohend, Furcht erregend. Sie galoppieren im Kreis und stoßen die Kriegsschreie der Tuareg aus. Sie zeigen, dass sie mutig sind und geschickt mit den Tieren umgehen können.

Am nächsten Morgen kommt Tatrits Bruder Kebebe zu Besuch. Er arbeitet als Jeepfahrer und Reiseführer für ein Touristikunternehmen. Als die Firma vor Jahren einen ortskundigen Begleiter für eine Wüstentour suchte, hat er dort begonnen. Er lernte Französisch und machte den Führerschein. Heute führt er selbst Touristen durch die Sahara.

M4: Festlicher Schmuck

M5: Beim Reiterfest

Tauschhandel

Beim Tauschhandel wird nicht Ware gegen Geld, sondern Ware gegen Ware getauscht.
Er gilt als ‚Urform' des Handels und ist noch heute bei Naturvölkern verbreitet.

M6: Kebebe mit seinem Jeep in der Wüste

1. Nomaden sind mit ihren Herden ständig auf Wanderschaft. Begründe.

2. a) Beschreibe den Tagesablauf von Tatrit und ihrer Familie. Berücksichtige die Stichworte: Essen, Spielen, Unterricht, Bedeutung des Wassers, Tiere, Feste *(Text* und *M2-M5).*
b) Vergleiche mit deiner Situation. Nenne Gemeinsamkeiten und Unterschiede.

3. Das Leben ändert sich auch für die Tuareg. Erläutere *(Text, M6).*

Leben im tropischen Regenwald

Im tropischen Regenwald

Rainer Albrecht arbeitet seit zwei Jahren als Entwicklungshelfer im tropischen Regenwald in der DR Kongo. Heute holt er seinen Freund Peter aus Deutschland vom Flughafen in Kisangani ab. Gemeinsam fahren sie dann mit einem Boot den Kongo stromabwärts. Der Kongo ist einer der wasserreichsten Flüsse der Erde. Sein Stromgebiet ist 3,7 Mio. km² groß und damit das zweitgrößte der Erde nach dem des Amazonas.

Am Ufer ist dichter Regenwald zu sehen. Ein Wirrwarr von Schlingpflanzen spannt sich von Baum zu Baum. Moose hängen herab, meterhohe Farne und Sträucher stehen zwischen den Bäumen. Auf verschiedenen Bäumen wachsen Blumen oder andere Pflanzen. Diese nennt man Aufsitzerpflanzen. Auch die Orchideen zählen dazu.

Urwaldriesen mit Brettwurzeln

Das dichte Blätterdach der Bäume lässt wenig Licht zum Boden durch. Nur einige „Urwaldriesen" überragen die zusammenhängenden Baumkronen. Diese Bäume besitzen viele Meter hohe Brettwurzeln. Die Brettwurzeln haben die Form von sternförmig ineinander gesteckten Tafeln. Sie sorgen dafür, dass die riesigen Bäume standfest sind. Kraut- und Strauchschicht, verschiedene Baumschichten und Urwaldriesen bilden einen Stockwerkbau.

Hier in der Nähe des Äquators gibt es keine Jahreszeiten. Das ganze Jahr über ist es warm, im monatlichen Durchschnitt ca. 25 °C. Die Sonne geht hier immer zu derselben Zeit auf und unter. Es wird ohne Dämmerung plötzlich hell. Schon morgens ist es über 20 °C warm. Gegen Mittag wird es unerträglich schwül. Die Sonne brennt senkrecht herab, sie steht im Zenit (= senkrechter Einfall der Sonnenstrahlen). Dann ballen sich Wolken zusammen, ein Gewitter zieht auf. Bald schon blitzt es und gießt in Strömen. Nach dem Regen ist es etwas kühler geworden. Gewitter gibt es hier am Nachmittag fast täglich.

M1: Tropischer Regenwald in den immerfeuchten Tropen Afrika

1. Beschreibe den täglichen Ablauf des Wetters im tropischen Regenwald *(M2)*.

2. Notiere die Merkmale des tropischen Regenwaldes.

3. Wie lange dauert der Tag im tropischen Regenwald am Äquator *(M2)*?

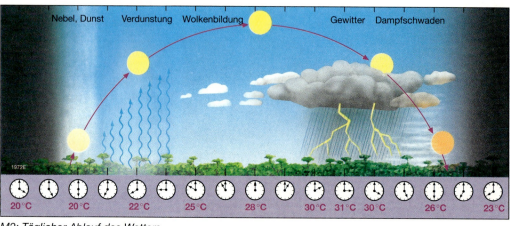

M2: Täglicher Ablauf des Wetters

Pygmäen – die kleinen Menschen des Waldes

Die Pygmäen zählen zu den Ureinwohnern Afrikas. Sie sind ein Naturvolk, das sich den Gesetzen des Waldes angepasst hat. Wie vor Jahrtausenden leben die Pygmäen als Jäger und Sammler im tropischen Regenwald. Etwa 20 Familien gehören jeweils zu einer Gruppe. Wegen ihrer Körpergröße (etwa 1,50 m) nennt man sie „die kleinen Menschen des Waldes". Sie betreiben Selbstversorgung. Die Männer gehen auf die Jagd. Ihre Beute, zum Beispiel Affen, Vögel und auch Elefanten, teilen sie gleichmäßig unter allen Jägern auf. Die Frauen sammeln essbare Pflanzen und kleine Tiere. Sie sind auch für den Hüttenbau zuständig. Pygmäenhütten sind aus Laub gebaut. Wird ein Jagdgebiet aufgegeben, zieht die Gruppe zu einer anderen Stelle und baut dort neue Hütten.

Die Ureinwohner werden verdrängt

Heute geben immer mehr Pygmäen ihre traditionelle Lebensweise auf. Ihre Jagdgebiete werden immer kleiner durch die Erschließung des tropischen Regenwaldes mit Straßen, Siedlungen und Ackerland. Um zu überleben arbeiten die Pygmäen zunehmend in den Dörfern der Ackerbauern. Dort sind sie als Feldarbeiter, Last- und Wasserträger tätig. Sie wohnen in Wellblechsiedlungen am Rand der Bantudörfer.

Krankheiten und Alkoholismus führen dazu, dass sich die Zahl der Pygmäen verringert. Vor 50 Jahren gab es 360 000 Pygmäen, heute sind es nur noch 100 000.

> **ℹ Die Pygmäen**
>
> Jäger und Sammler
> Hütten aus Zweigen und Blättern
>
> | | |
> |---|---|
> | Nahrung: | Waldfrüchte |
> | | Wurzeln |
> | | Blätter |
> | | Schnecken |
> | | Insekten |
> | | Fleisch |
> | | (Jagdbeute) |
> | Jagdgeräte: | Speere |
> | | Messer |
> | | Giftpfeile |

M3: Pygmäen vor ihrer Hütte

4. Beschreibe die Hütten der Pygmäen *(M3)*.

5. Lege eine Tabelle an, in der du die Tätigkeiten der Pygmäen aufführst. Unterscheide Frauen- und Männertätigkeiten.

6. Wie verändert sich das Leben der Pygmäen heute? Nenne Gründe.

7. Die Pygmäen sind vom Aussterben bedroht. Welche Ursachen gibt es dafür?

8. Eine Lupe auf den Seiten 34/35 zeigt den tropischen Regenwald am Amazonas.
a) Beschreibe das Bild (Pflanzen, Mensch).
b) Suche den Amazonas auf einer Atlaskarte. Nenne ein Land, das er durchfließt.

Europas Feuerinseln

Ätna, Vulcano und Stromboli – Vulkane in Süditalien

Vulkanausbrüche sind bekannte Naturerscheinungen im Mittelmeerraum. Der Ätna ist der größte tätige **Vulkan** Europas. Er gehört zu den vier noch tätigen Vulkanen Italiens. Im Nordosten Siziliens gelegen, erhebt sich sein Bergmassiv über einer Fläche von 1300 km². Der Ätna ist nur der Anfang einer vulkanischen Feuerlinie, die nach Norden bis zum Vesuv bei Neapel reicht. Die Fortsetzung dieser Feuerlinie bilden die Liparischen Inseln. Während die Vulkane auf Lipari als erloschen gelten, sind die „Feuerinseln" Vulcano und Stromboli vulkanisch aktiv. Vor mehr als 500 000 Jahren begannen die Ausbrüche des Ätna, einem **Schichtvulkan**. Schichten aus **Lava** und **Asche** bauten sich zu einem mächtigen Vulkankegel auf. Heute ist der höchste Gipfel des Ätna über 3000 m hoch. Er besitzt drei mächtige Krater. Der Hauptkrater hat einen Umfang von 200 m und ist etwa 500 m tief.

Magma ist eine über 1000 °C heiße Gesteinsschmelze. Es gelangt durch Schlote, Risse und Spalten aus über 30 km Tiefe an die Erdoberfläche *(M3)*. Häufig durchbricht die Gesteinsschmelze als glühender Strom die Erde und strömt als Lava die Hänge hinab. Dämpfe und Aschenregen kündigen einen explosionsartigen Ausbruch an. Dann steigt das Magma hoch und glühende Lavabrocken werden in die Luft geschleudert. Oft fliegen diese glühenden **Bomben** über den Kraterrand hinaus.

M1: Tätige Vulkane in Süditalien

M2: Neapel und der Vesuv (Ausbruch 1944)

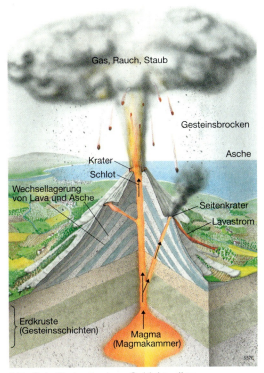

M3: Schnitt durch einen Schichtvulkan

M4: Ein Lavastrom rückt vor

Leben mit der Gefahr

Weit gefährlicher als die explosionsartigen Magmaausstöße sind die aus Nebenspalten hervortretenden Lavaströme des Ätna, die sogenannten Flankenausbrüche. Die mehrere Meter breiten und mehr als 1000 °C heißen Lavaströme fließen dann unaufhaltsam die Hänge hinab. An den steileren Hängen wandert die Lava zwei bis drei Meter in der Sekunde. Nur allmählich kühlt sie ab, wird zähflüssig und langsam. Der Glutstrom wandert weiter talwärts, walzt unaufhaltsam Wälder und Felder nieder, zerstört Straßen, Brücken und Häuser. Gegen diese Naturgewalten sind die Menschen hilflos, sie haben nur noch Zeit ihre bewegliche Habe zu retten. Die Lavaausbrüche des Ätna haben die Landschaft geprägt. Zwischen den Bäumen der bewaldeten Hänge liegen überall erkaltete Lavabrocken. Vulkanisches Gestein verwittert zu fruchtbarem Boden. Trotz aller Bedrohung durch den Vulkan wird die Gegend landwirtschaftlich vielseitig genutzt. An den Ätnahängen wird Wein angebaut.

Armee kämpft gegen Lava
3.4.1992, Zafferana bei Catania/Sizilien
Mit Bomben, Minen und Zementblöcken versuchen italienische Soldaten die Lavaflut aus dem Ätna aufzuhalten. Schnee und Nebel behindern jedoch den Einsatz der Helikopter. Durch Sprengungen im oberen Teil des Vulkans soll der Lavafluss in ein anderes Tal umgeleitet werden. Die Einsätze der Soldaten sind bisher nicht erfolgreich. Immer neue Krater öffnen sich, aus denen die Lava in Richtung Zafferana fließt.

1. a) Was bedeutet der Ausdruck „Vulkanische Feuerlinie" Italiens?
b) Wo verläuft sie?
c) Welche tätigen Vulkane gehören dazu (*M1, Text* und *Atlas, Karte: Italien – physisch*)?

2. Beschreibe den Aufbau und die Teile eines Schichtvulkans (*M3*).

3. Nenne vier Auswurfmaterialien eines Vulkans (*M3*).

4. „Der Ätna nimmt und gibt". Erkläre diese Aussage.

5. Begründe die Gefährlichkeit von Lavaausbrüchen an den Bergflanken.

Wenn die Erde bebt

Erdbeben in San Francisco – 20 Sekunden bis zur Stille

San Francisco/Kalifornien, 3.10.1989, 17.04 Uhr, Feierabend in der Großstadt am Pazifik. Die nächsten 20 Sekunden werden die Stadtbewohner nicht so schnell vergessen.
1. Sekunde: Ein leises unheimlichen Grollen. Die Menschen horchen entsetzt auf. Erste schlimme Vorahnungen.
3. Sekunde: Die Erde bebt. Asphaltdecken wölben sich auf. Glasfronten bersten. Häuserwände brechen ein.
6. Sekunde: Das über 200 m hohe, erdbebensicher gebaute Transamerica Building schwankt an der Spitze bis zu drei Metern hin und her.
8. Sekunde: Auf einer Länge von 1600 Metern stürzt die obere Fahrbahn einer doppelstöckigen Schnellstraße ein. Obwohl die Stadtautobahn als erdbebensicher galt, hat sie den Erdbewegungen nicht standgehalten.
12. Sekunde: Stromausfall in der ganzen Stadt. Menschen schreien in steckengebliebenen Fahrstühlen und U-Bahnzügen.
16. Sekunde: Gasleitungen platzen und verursachen Brände. Mehrere Stadtteile stehen in Flammen. Die Menschen rennen um ihr Leben.
20. Sekunde: Urplötzlich unheimliche Stille: Todesstille!

M1: Lage des Erdbebenzentrums 1989 in Kalifornien

Radiomeldung
„Nach dem schweren Erdbeben im Raum San Francisco hat sich die Zahl der Todesopfer auf über 250 erhöht. Die meisten starben durch den Einsturz der doppelstöckigen Schnellstraße 880, die erst wenige Jahre alt war und von Experten als erdbebensicher eingestuft wurde. Hunderte von Verletzten werden in Krankenhäusern behandelt. Etwa 15 000 Einwohner werden obdachlos. Um Plünderungen zu vermeiden hat der Bürgermeister von San Francisco eine nächtliche Ausgangssperre verhängt. Fachleute schätzen die Gesamtschäden auf mehrere Milliarden US-Dollar".

M2: Nach einem Erdbeben: Zerstörungen in Mexiko-Stadt

Seit 1906 Leben in Angst

Das Erdbeben von San Francisco erreichte eine Stärke von 6,9 auf der **Richterskala**. Der oberflächliche Kernpunkt des Bebens, das Epizentrum, lag etwa 80 km südöstlich der Stadt. Von dort breiteten sich die Erdstöße wellenförmig aus.

Die Erdbebenforscher sagen Kalifornien ein „Superbeben" voraus: „Der Alptraum wird sich noch in diesem Jahrhundert wiederholen – bei einem Erdbeben, das noch zehnmal stärker sein wird als dieses", phophezeit der französische Erdbebenforscher Claude Allegre. Schon einmal, im Jahr 1906 wurde die Traumstadt am Pazifik von einem solchen „Superbeben" heimgesucht. Eine Minute und acht Sekunden wurde San Francisco von einem verheerenden Beben der Stärke 8,3 auf der nach oben offenen Energieskala geschüttelt. Damals riss die Erde entlang der San-Andreas-Spalte über eine Länge von 300 km auf.

Richterskala

Die Erdbebenstärke wird mit einer erdachten Energieskala gemessen. Nach ihrem Erfinder Charles Richter heißt sie Richterskala. Sie ist „nach oben hin offen", denn niemand kann voraussagen, wie stark Erdbeben wirklich sein können. Je mehr Energie bei einem Beben freigesetzt wird, desto höher ist die Erdbebenstärke. Der geringste Wert sind 0,0 Punkte (sehr schwaches Beben). Jeder Punkt vor dem Komma entspricht einer zehnfachen Steigerung. Ein Beben mit der Stärke 7,0 ist demnach zehnmal stärker als ein Beben der Stärke 6,0.

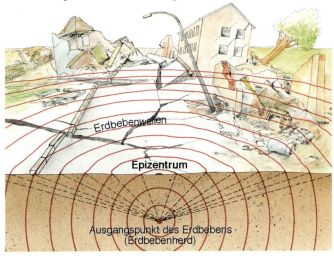

M3: Ausbreitung von Erdbebenwellen (nicht maßstabsgetreu)

M4: San-Andreas-Spalte südlich von San Francisco

1. Berichte, wie sich Erdbeben in Städten auswirken *(Text, M2)*.

2. Überlege, wo bei einem Erdbeben für die Stadtbewohner die größten Gefahren lauern.

3. Erkläre mithilfe von *M1* und *M3* die Ausbreitung eines Erdbebens.

4. Ein Erdbeben erreichte eine Stärke von 5,9 auf der Richterskala. Wie viel mal stärker war das Erdbeben von San Francisco 1989?

5. Fertige mithilfe von *M2* und *M3* selbst ein Bild zu einer Erdbebenkatastrophe an. Beschrifte deine Bildinhalte.

Leben in bedrohten Gebieten

Tagesschaumeldung im Januar 1992:

„Beim Ausbruch des Vulkans Pinatubo auf den Philippinen sind mehr als 600 Menschen getötet worden. Eine Million Menschen flüchtete aus dem Katastrophengebiet. Die Trinkwasserversorgung brach zusammen. Das Gebiet um den Vulkan wurde zum Notstandsgebiet erklärt."

Medienberichte zeigen uns eindringlich die katastrophalen Folgen von Vulkanausbrüchen für die Menschen. Trauer, Anteilnahme und Hilfe können nicht verhindern, dass Naturgewalten die Lebensräume vieler Menschen bedrohen.

M1: Nach dem Ausbruch des Pinatubo auf den Philippinen

1. Ascheregen, Schlamm- und Geröll-Lawinen zerstörten über 100 Orte in der Umgebung des Pinatubo. Überlege, warum die Menschen einen Atemschutz tragen *(M1)*.

Datum	Ort/Gebiet	Ursache	Opfer
24.08.0079	Pompeji/Italien	Ausbruch des Vesuv	ca. 10 000 Tote
01.11.1755	Lissabon/Portugal	Erdbeben	ca. 42 000 Tote
27.08.1883	Krakatau/Indonesien	Explosion des Krakatau	ca. 36 000 Tote
15.06.1896	Honshu/Japan	Seebeben mit Flutwelle	ca. 27 000 Tote
17.04.1906	San Francisco/USA	Erdbeben	ca. 1 000 Tote
27.07.1976	Tangshan/China	Erdbeben	ca. 240 000 Tote
13.11.1985	Nordanden/Kolumbien	Ausbruch des Nevado del Ruiz	ca. 23 000 Tote
07.12.1988	Armenien	Erdbeben	ca. 25 000 Tote
23.06.1990	Iran	Erdbeben	ca. 30 000 Tote
12.04.1992	Niederlande, Nordrhein-Westfalen, Rheinland-Pfalz	Erdbeben	1 Toter
1991/1992	Luzon/Philippinen	Ausbruch des Pinatubo	ca. 600 Tote
29.09.1993	Indien	Erdbeben	ca. 11 000 Tote
17.01.1995	Kobe, Osaka/Japan	Erdbeben	ca. 5 000 Tote

M2: Erdbeben und Vulkanausbrüche aus zwei Jahrtausenden

Auch bei uns ein Erdbeben – Millionen haben Angst

RED/DPA/RTR. Nach 250 Jahren hat ein Erdbeben im Mittelrheingebiet in der Nacht zum 13.4.92 eine Tote und Dutzende von Verletzten gefordert. Millionen Menschen wurden um 3.20 Uhr aus dem Schlaf gerissen. Viele liefen in Panik auf die Straße. Obwohl Deutschland nicht zu den erdbebengefährdeten Gebieten zählt, stürzten Schornsteine von den Dächern und Fassaden rissen auf. Menschen wurden von herabfallenden Trümmern verletzt und Autos beschädigt. Besonders schwer getroffen wurde der Raum Aachen-Venlo. Der Sachschaden wird auf mindestens 100 Millionen Mark geschätzt.

2. Lege dir zu jeweils fünf in *M4* eingetragenen Erdbeben und Vulkanausbrüchen eine Liste an und ordne ihnen Länder und Erdteile zu, z.B. 1993 Vulkanausbruch Mayon: Philippinen/Asien.

3. Lege eine Sammelmappe über Erdbeben und Vulkanausbrüche an. Sammle dazu Schlagzeilen, Berichte und Reportagen aus Zeitungen und Zeitschriften und klebe sie ein.

4. a) Welche beiden Staaten sind vom Erdbeben am 13.4.1992 betroffen gewesen (*Zeitungsartikel* und *Atlas, Karte: Deutschland – physisch*)?
b) Handelt es sich hier um ein Gebiet, das als erdbebengefährdet gilt (*M4*)?

5. Beschreibe nach *M3* und mithilfe des Zeitungsberichts die entstandenen Erdbebenschäden im Mittelrheingebiet.

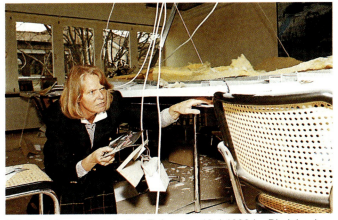

M3: Zerstörungen nach dem Beben am 13.4.1992 im Rheinland

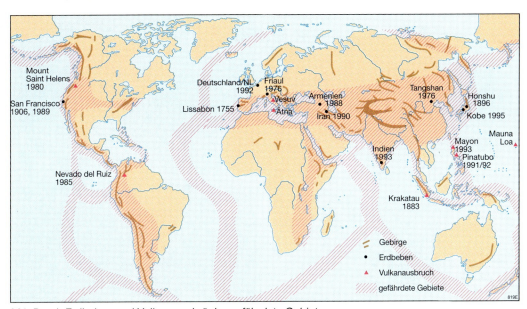

M4: Durch Erdbeben und Vulkanausbrüche gefährdete Gebiete

Warum leben Menschen an Vulkanen?

Menschen, die an Vulkanen leben, fürchten die Feuer speienden Berge, sie lieben sie aber auch. Warum das so ist, berichten einige Bewohner:

1. Ein Tourismusmanager:
„Für viele Hotels, Pensionen und Unternehmen bedeuten die Vulkane eine Lebensversicherung. Jedes Jahr besteigen Tausende von Touristen den Ätna oder den Vesuv. Wer schlecht zu Fuß ist, benutzt Busse oder Seilbahnen. Fähren und schnelle Tragflügelboote bringen Hobbyvulkanologen auf die Liparischen Inseln zu dem Vulcano oder dem Stromboli. Einheimische Führer bieten „Eine Nacht auf dem Vulkan" an.

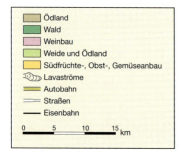

2. Ein Bauunternehmer:
„Der Vulkan liefert uns einen wertvollen Baustoff, den Bimsstein. Bims entsteht, wenn aus den schaumigen Lavafetzen Gase entweichen wollen und sich das glühende Gestein aufbläht wie ein Hefekuchen. Durch die vielen winzigen Hohlräume ist der Bims so leicht, dass er sogar auf dem Wasser schwimmen kann. Bimssteine sind leicht, porös und isolieren die Häuser besonders gut gegen Kälte und Hitze.

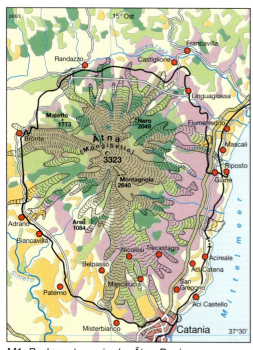

M1: Bodennutzung in der Ätna-Region

M2: Lavastrom verwüstet Felder

3. Ein Bauer:
„Die Gegend um den Ätna ist eine grüne, fruchtbare Insel in dem sonst kargen und armen Süditalien. In den Gärten gedeihen Gemüse, Pfirsiche, Aprikosen und Nektarinen. Die Ebenen und die meisten Berghänge werden intensiv genutzt. Der Grund für diesen einmaligen Reichtum ist vor allem der fruchtbare Boden, der sich aus dem mineralreichen Lavagestein gebildet hat. Auch die schwarzen vulkanischen Aschen tragen zur Düngung des Bodens bei. Die Quellen des Ätna liefern das ganze Jahr über klares Wasser, das in Kanälen zu den Feldern geleitet wird."

4. Ein Kurgast:
„Seit acht Jahren fahre ich regelmäßig nach Ischia zur Kur. Ich leide an Rheuma und bade hier in den Thermalquellen. Sie lindern meine Schmerzen für viele Monate. Das Wasser der Therme ist 40 °C warm und es ist mineralreich. Über Spalten und Klüfte steht es mit dem heißen vulkanischen Untergrund in Verbindung und wird über Leitungen zu den Bädern gepumpt. Aus pulverisierter Lavaerde und Thermalwasser stellt man Fango her, einen Brei, der heiß auf die Haut aufgetragen wird und die Schmerzen lindert (M3)."

5. Ein Vertreter der Elektrizitätswerke:
„Auch unser Industriezweig profitiert von der vulkanischen Glut. In der Toscana bei Larderello haben wir ein Kraftwerk gebaut. Normalerweise nimmt die Temperatur 1 °C pro 30 Meter Tiefe zu. Hier jedoch ist das heiße Magma bis nahe an die Erdoberfläche aufgestiegen und heizt die Wasser führenden Schichten auf. Aus etwa 1000 m Tiefe fördern wir ein 250 °C heißes Gemisch aus Wasser und Dampf. Den Dampf leiten wir in das Kraftwerk. Er treibt dort die Turbinen an, mit denen wir Strom erzeugen."

1. Beschreibe die landwirtschaftliche Nutzung am Ätna *(M1, Text, Atlas)*.

2. Zeichne nach der Karte des Golfs von Neapel *(Atlas)* einen Querschnitt von Afragola nach Pompeji, trage die unterschiedlichen Anbauprodukte ein und begründe ihre Lage *(Atlas)*.

3. Erkläre, warum die Menschen Vulkane nicht nur fürchten, sondern auch lieben *(M1, M3, M4, Text)*.

M3: Thermalbad auf Ischia

M4: Thermalquellen in Italien

Ursachen von Erdbeben und Vulkanausbrüchen

Die feste Erdkruste ruht nicht

Immer wenn Erdbeben und Vulkanausbrüche Tod und Verderben bringen, tauchen die gleichen Fragen auf: Was sind die Ursachen? Warum sind immer dieselben Gebiete betroffen? Wissenschaftler geben uns folgende Antworten:

Die Erde ist aus verschieden dicken „Schalen" aufgebaut. Die äußere „Schale" ist die Erdkruste. Darunter liegt der Obere Erdmantel. Er besteht aus einer zähflüssigen Gesteinsschmelze. Dieser Gesteinsbrei ist etwa 1100 °C heiß und wird Magma genannt. Die darüber liegende feste Erdkruste ist in riesige Platten zerbrochen. Diese bewegen sich, sie „schwimmen" auf dem Erdmantel.

Plattenbewegungen haben Vulkanismus und Erdbeben zur Folge

Stoßen zwei Platten zusammen, bilden sich Risse. Wenn Gesteinspakete aneinander vorbei gleiten, verhaken sie sich häufig. Dabei baut sich eine gewaltige Spannung im Gestein auf. Wird der Druck zu groß, reißen sich die Platten voneinander los und verschieben sich ruckartig. Es kommt zu einem Erdbeben.

An den Plattengrenzen liegen auch die meisten Vulkane. Das Magma im Erdinnern gelangt durch Risse und Klüfte an die Erdoberfläche. Es fließt, sobald es an der Erdoberfläche austritt, als Strom von Lava an den Vulkanhängen herab.

Treffen zwei Platten der Erdkruste aufeinander, können sich hohe Gebirge auffalten, wie zum Beispiel das Himalaya-Gebirge.

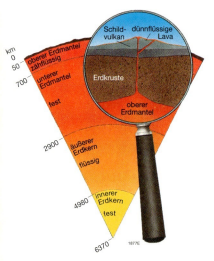

M1: Aufbau der Erde

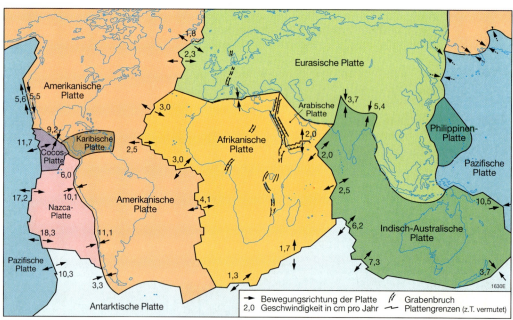

M2: Die Erdkrustenplatten und ihre Bewegungen

Erdbebenforschung mit der Laserkanone

Dick Masterson lebt in Kalifornien und hat ein interessantes Hobby. Bei Dunkelheit „feuert" er einen Laserstrahl auf einen gegenüberliegenden Hügel ab. Dort sind Spiegel aufgestellt, die das Licht zurückwerfen. So kann Dick genau messen, ob sich die Landschaft verschoben hat. Das hat seinen Grund: Zwischen Dicks Haus und der Bergkuppe verläuft die San-Andreas-Spalte. Hier schieben sich die Amerikanische und Pazifische Erdkrustenplatte *(M2, M4)* langsam aneinander vorbei. Wenn der Hobbyforscher Zeit genug hätte, könnte er in zehn Millionen Jahren beobachten, wie sich Los Angeles unaufhaltsam an seiner Laserkanone vorbeischiebt.

1. In welchen Ländern liegen diese berühmten Vulkane: Popocatépetl, Kilimanjaro, Fujisan *(Atlas, Register)*?

2. a) Wie dick ist etwa die Erdkruste *(M1)*?
b) Wie weit reicht der Obere Erdmantel in die Tiefe?

3. Warum bewegen sich die Platten der Erdkruste? Erkläre mithilfe des *Textes*.

4. Mit welcher durchschnittlichen Jahresgeschwindigkeit bewegt sich die Amerikanische Platte in Kalifornien nach Südosten *(M2)*?

5. Wie erkennt Dick Masterson, wenn sich die Erdkrustenplatten bewegen?

6. Betrachte die Baumreihen in der Apfelsinenplantage. Was fällt dir auf *(M3)*? Erkläre mithilfe von *M2* und *M4*.

M3: Apfelsinenhain südlich von San Francisco

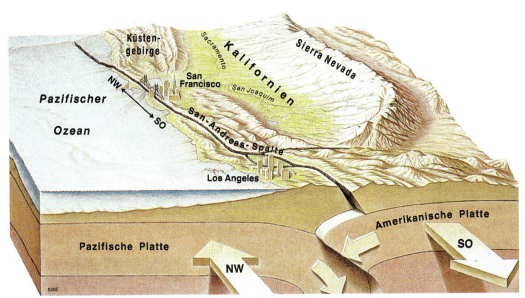

M4: Kalifornien/USA: Zwei Erdkrustenplatten verschieben sich

Naturkatastrophen gefährden Lebensräume

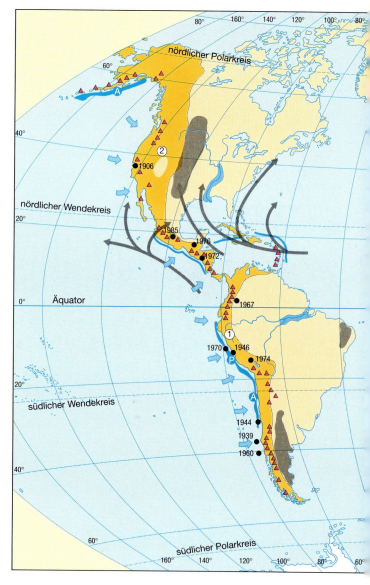

- ● Katastrophenbeben mit Jahreszahl
- ▲ aktive Vulkane
- ⇨ durch Tsunamis bedrohte Küsten
- ▓ von Dürre gefährdete Gebiete
- ➡ Zugbahnen tropischer Wirbelstürme
- durch Überschwemmung gefährdete Gebiete
- Grabenbrüche
- junge Faltengebirge (durch Erdbeben gefährdete Gebiete)
- ① Gebirge
- Ⓐ Tiefseegräben

M1: Von Naturkatastrophen betroffene Gebiete

1. Benenne je zehn Erdbeben und Vulkane in verschiedenen Staaten und das Jahr des letzten/schwersten Erdbebens *(Atlas und M1)*.

2. Nenne die Kontinente und Staaten, in denen Vulkane und Erdbeben besonders zahlreich auftreten *(Atlas und M1)*.

Naturkatastrophen können durch die Natur selbst oder durch unsachgemäßes Handeln der Menschen ausgelöst werden. Daher unterscheiden Wissenschaftler auch *„natural hazards"* und *„man made hazards"* (engl. hazard = Gefahr).

Überall auf der Welt kann es Naturkatastrophen geben. Dennoch gibt es einige Gebiete, in denen sich bestimmte Katastrophen häufen: Erdbeben und über 600 aktive Vulkane konzentrieren sich vor allem an Schwächezonen der Erdkruste, die sich meist mit den Rändern der Kontinentalplatten decken. So ist der Pazifik von einem Ring von erdbebengefährdeten Gebieten und Vulkanen umgeben. Man spricht hier vom „zirkumpazifischen Feuergürtel". Im

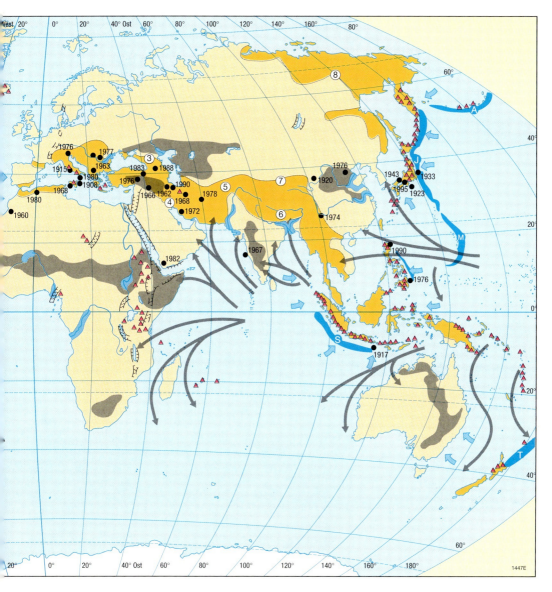

Bereich dieses Gürtels ist auch die Gefahr von **Tsunamis** besonders groß. Kein anderer Staat der Erde wird so häufig von Naturkatastrophen heimgesucht wie Japan.

Die dürregefährdeten Gebiete und die Zugstraßen der **Wirbelstürme** lassen sich bestimmten Landschaftsgürteln zuordnen. Im Bereich der dürregefährdeten Gebiete wirkt jeder menschliche Eingriff besonders schwer. Unsachgemäßes Handeln führt dort zur Ausdehnung der Wüste.

Tornados und andere tropische Wirbelstürme wüten in mehr als 50 Staaten der Erde. Weil die tropischen Wirbelstürme meist mit sintflutartigen Regenfällen verbunden sind, liegen auch die durch Überschwemmung gefährdeten Gebiete im Bereich der Zugstraßen dieser Wirbelstürme.

3. In welcher Klimazone entstehen die Wirbelstürme?

4. Beschreibe die Zugstraßen der Wirbelstürme. Welche Meere, welche Staaten sind betroffen *(M1, Atlas)*?

5. Zwischen welchen Breitenkreisen und in welchen Landschaftsgürteln liegen die dürregefährdeten Gebiete *(s.S. 38/39, Atlas)*?

Sturmflut und Küstenschutz

Als die Deiche brachen

Viele Menschen in Hamburg und Schleswig-Holstein erinnern sich noch heute an die Nacht vom 16. zum 17. Februar 1962. Ein Sturm zog vom Atlantik her über die Nordsee. Er staute das Wasser in der Helgoländer Bucht und trieb es in die Flussmündungen. Zum Nordwest-Sturm kam die Flut. Das Wasser der Flüsse konnte nicht ins Meer abfließen. Deiche brachen. Viele Gebiete wurden überschwemmt.

Heiko Petersen erinnert sich: „Wir standen am Deich und sahen, wie das tosende Wasser höher und höher stieg. Die Wellen donnerten über die Deichkrone hinweg und stürzten die Innenböschung hinunter. Das überfließende Wasser hat den Deich von hinten regelrecht ausgewaschen. Schließlich war er so dünn, dass er brach. Die Wassermassen drückten ihn von vorn einfach weg. Das Wasser ergoss sich über die Wiesen und Äcker hinter dem Deich. Diese Sturmflut war eine Katastrophe."

Die **Sturmflut** vom Februar 1962 hatte verheerende Auswirkungen an der ganzen Nordseeküste. Fruchtbares Ackerland wurde vom Salzwasser überflutet und verwüstet. 100 000 Menschen waren zeitweise von der Außenwelt abgeschnitten, 120 000 Wohnungen standen unter Wasser, 34 000 Menschen waren obdachlos, 2000 konnten aus den Fluten, aus Häusern, von Dächern und Bäumen gerettet werden. 315 Menschen kamen in der Sturmflut ums Leben, 4000 Stück Vieh ertranken.

17.02.1164: Julianeflut
Einbruch des Jadebusens, 20 000 Tote

16.01.1362: Große Mannsdränke
Schwerste Sturmflut aller Zeiten; Einbruch des Dollart, 100 000 Tote, 30 Dörfer versanken im Meer

24.12.1717: Weihnachtsflut
etwa 20 000 Tote, Verwüstungen an der ganzen Küste, 5000 Häuser weggerissen

01.02.1953: Ignatiusflut
2100 Tote in den Niederlanden, Belgien und Ostengland

16.02.1962: Hamburger Sturmflut
Sturmflut in Hamburg, zahlreiche Deichbrüche, 315 Tote

03.01.1976 und 25.11.1981
Sturmfluten mit wenigen Deichbrüchen, keine Toten

M1: Einige besonders schwere Sturmfluten

M2: Sturmflut an der Nordsee

Die Sturmflut von 1962: aus der Schulchronik von Hallig Hooge

Am Freitag, den 16.2.1962 sind nicht alle Kinder am Morgen zum Unterricht erschienen, denn über der Hallig tobt ein starker Sturm. Gegen 9.30 Uhr schicke ich die Kinder nach Hause. Sie freuen sich, dass sie schulfrei haben. Um 11 Uhr läuft die Hallig voll (ca. 2,20 m über Mittlerem Hochwasser). Den ganzen Nachmittag hält der starke Sturm an. Bei Niederigwasser ist die Hallig noch genauso mit Wasser gefüllt wie bei Hochwasser. Ebbe tritt gar nicht ein. Am Abend wird der Sturm stärker. Gegen 20.30 Uhr beobachte ich, wie das Wasser innerhalb der Hallig schon wieder steigt. Hochwasser ist aber erst um Mitternacht. Der Orkan rüttelt am Reetdach der Schule, dass ich befürchte, es würde davonfliegen. Um 21.45 Uhr ist der Garten vor der Schule schon voller Seewasser. Bald schlagen die Wellen hart gegen den Gartenzaun. Inzwischen haben wir den Teppich aufgerollt und Bücher und andere Dinge hoch gestellt. Die Wellen schlagen an das Schulgebäude. Es ist ungefähr 22 Uhr. In dem ohrenbetäubenden Lärm, den Orkan und See hervorrufen, verramme ich die Schultür mit schweren Planken. Trotzdem dringt Wasser ein. Trockene und leere Säcke, die wir innen vor die Tür legen, helfen etwas. Etwas später steht das Wasser vor dem Küchenfenster bis zur Fensterhöhe und dringt durch die Fensterritzen. Das Seewasser spritzt gegen die Scheiben, hinter denen sich im Schein des Mondes ein großartiges Bild darbietet: nichts als wütende und schäumende See, fahl vom Mond beleuchtet; Wolkenfetzen, die am Himmel entlangjagen. Das Wasser steigt und steigt. Ich bemerke, dass an der Nordwestecke des Hauses ein Loch entstanden ist, durch das Wasser hereinströmt, doch kann ich hiergegen nichts unternehmen. Es ist 23 Uhr. Das Wasser hat seinen Höchststand nach dem Flutkalender eigentlich noch nicht erreicht. Doch wir bemerken, dass es nicht mehr steigt. ... .

(nach: Schirrmacher, G., Hallig Hooge, Breklum 1973)

---

1. Suche die Helgoländer Bucht im *Atlas, Karte: Deutschland – physisch*. Nenne drei Städte, die bei einer Sturmflut besonders gefährdet sind.

2. In welchen Jahreszeiten traten die schweren Sturmfluten auf *(M1)*?

3. In welchen Jahren und bei welchen Sturmfluten sind Dollart und Jadebusen eingebrochen *(M1)*?

4. Beschreibe, was sich im Deichbau verändert hat *(M3)*. Benutze dazu die Begriffe Schlick, Sandkern, Höhe, Innenböschung, Außenböschung.

5. Suche im *Atlas, Karte: Nordstrander Bucht: Küstenschutz und Landgewinnung* die Küstenlinien um 1634 und heute und nenne drei untergegangene Orte.

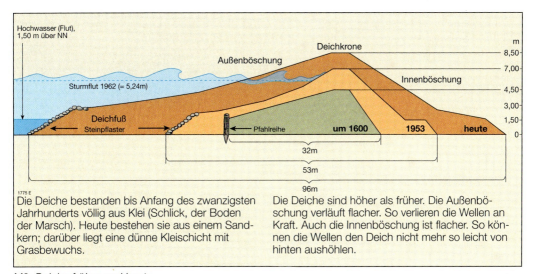

Die Deiche bestanden bis Anfang des zwanzigsten Jahrhunderts völlig aus Klei (Schlick, der Boden der Marsch). Heute bestehen sie aus einem Sandkern; darüber liegt eine dünne Kleischicht mit Grasbewuchs.

Die Deiche sind höher als früher. Die Außenböschung verläuft flacher. So verlieren die Wellen an Kraft. Auch die Innenböschung ist flacher. So können die Wellen den Deich nicht mehr so leicht von hinten aushöhlen.

M3: Deiche früher und heute

M1: Hinweistafel

M2: Baden bei Flut

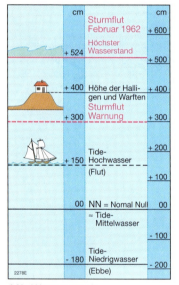

M3: Wasserstände

Das Wasser kommt und geht

Adriane und Sabrina sind mit ihren Eltern an die Nordseeküste gefahren. Sie freuen sich auf das Meer. Doch als sie am Strand ankommen, herrscht gerade Niedrigwasser. Das Wasser ist zurückgewichen. Niedrigwasser (abgekürzt NW) bedeutet, dass der niedrigste Wasserstand erreicht ist. Nun ist die Ebbe beendet und die Flut beginnt. Nach sechs Stunden und 12,5 Minuten ist der höchste Wasserstand erreicht. Es ist Hochwasser (abgekürzt HW). Für die Bewohner der Küste gehört der Wechsel von Ebbe und Flut zum Alltag. Auch Urlauber müssen lernen mit den **Gezeiten** richtig umzugehen. Baden ist bei Ebbe nicht erlaubt. Das ablaufende Wasser kann die Schwimmer ins Meer hinausziehen.

Die Nordsee ist ein **Randmeer** des Atlantischen Ozeans. Gleichzeitig ist sie ein Gezeitenmeer. Der Tidenhub bei Wilhemshaven beträgt 3,60 Meter. In **Binnenmeeren**, wie zum Beispiel der Ostsee oder dem Mittelmeer, wirken sich die Gezeiten kaum aus. Hier schwankt der Wasserstand nur um 20 bis 30 Zentimeter.

> **Gezeiten/Tiden:**
> Das Wasser der großen Ozeane hebt und senkt sich regelmäßig. Zweimal am Tag gibt es Flut und Ebbe, aber nicht exakt alle zwölf Stunden. Das Steigen des Wassers heißt Flut, das Fallen Ebbe. Diese Schwankungen des Meeresspiegels nennt man Gezeiten oder Tide.

Hoch- und Niedrigwasserzeiten

Tag	NW	HW	NW	HW
5. Aug.	00^{42}	06^{54}	13^{06}	19^{18}
6. Aug.	01^{31}	07^{43}	13^{56}	20^{08}

M4: Aus einer Gezeitentafel

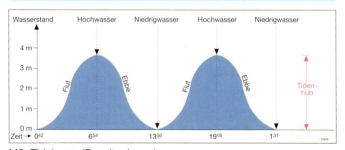

M5: Tidekurve (Gezeitenkurve)

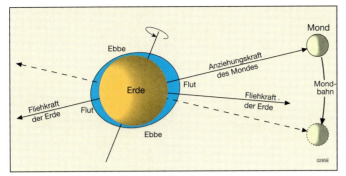

M6: Abhängigkeit der Flut vom Mond

Ebbe und Flut

Die **Anziehungskraft** des Mondes und die **Fliehkraft** der Erde bewirken den Wechsel von Ebbe und Flut. Die Erde dreht sich einmal am Tag um sich selber. Hierbei zieht der Mond die ihm zugewandten Teile der Erde an. Dort entsteht Flut. Auf der gegenüberliegenden Seite sorgt die Fliehkraft der Erde dafür, dass dort ebenfalls Flut herrscht *(M6)*. Von den dazwischen liegenden Gebieten wird das Wasser abgezogen. Dort ist Ebbe. Die Gezeiten wechseln regelmäßig. Zwei Tiden dauern 24 Stunden und 50 Minuten *(M5)*. Täglich verschieben sich die Gezeiten also um 50 Minuten. Das kommt daher, dass der Mond nicht immer an derselben Stelle steht. Er umrundet die Erde in 28 Tagen. Wenn die Erde sich nach 24 Stunden einmal um sich selbst gedreht hat, ist auch der Mond auf seiner Umlaufbahn etwas vorangekommen. Es dauert dann noch 50 Minuten, bis die Erde ihn wieder „eingeholt" hat.

Auf seiner Umlaufbahn um die Erde ändert der Mond ständig seine Position. Stehen Sonne, Mond und Erde in einer Linie, ergänzen sich ihre Anziehungs- und Fliehkräfte. Es kommt zu einer besonders hohen Flut. Sie heißt **Springtide** *(M7)*. Kommt noch ein großer Sturm dazu, spricht man von einer **Sturmflut**. Stehen die Himmelskörper jedoch im rechten Winkel zueinander, wirken die Kräfte in unterschiedliche Richtungen. Es entsteht eine **Nipptide**.

1. Ergänze mithilfe von *M5* in den folgenden Sätzen die Begriffe Ebbe, Flut, Hochwasser, Niedrigwasser. Übertrage die Sätze in dein Heft: Das Steigen des Wassers nennt man … Das Fallen des Wassers nennt man … Der höchste Wasserstand heißt … Der niedrigste Wasserstand heißt …

2. Berechne den Zeitunterschied zwischen Hochwasser und Niedrigwasser nach den Angaben auf dem Gezeitenkalender *(M4)*.

3. Stelle fest, wann man nach dem Gezeitenkalender baden kann.

4. Betrachte *M1* und *M2*. Welchen Hinweis erhalten die Badenden?

5. Berichte über die Entstehung der Gezeiten *(Text und M6)*.

6. Erläutere die Begriffe Springtide, Nipptide, Sturmflut *(Text, M7, M8)*.

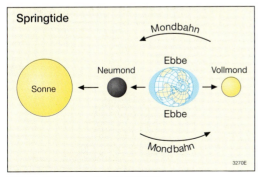

M7: Springtide (oder Springflut)

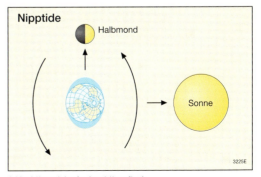

M8: Nipptide (oder Nippflut)

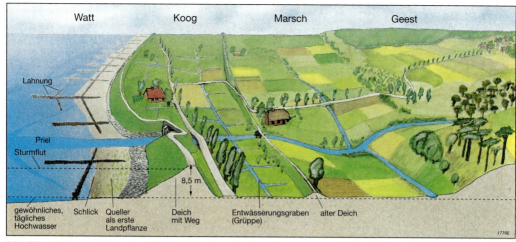

M1: Blockbild der Küste vom Wattenmeer zur Geest

Auf das Vorland kommt es an

Die Deiche an der Küste wurden immer höher und breiter gebaut. Trotzdem haben Sturmfluten sie immer wieder zerstört und das Land an der Küste überflutet. Große Teile der Marsch gingen immer wieder verloren. Gelegentlich drang das Meer sogar bis an den Rand der hügeligen Geest vor. Heute wissen die Menschen: Ein weites und bewachsenes Vorland vor dem Deich schützt vor Überflutungen. Die Wellen laufen dann zuerst über das Vorland. Sie verlieren dabei an Kraft und gefährden weniger den Deich.

Um den Küstenraum zu schützen versucht man neues Land vor dem Deich zu gewinnen. Im Meerwasser schweben kleinste Tonteilchen, Sandkörnchen, Tier- und Pflanzenreste. Wenn das Wasser ruhig ist, sinken diese Stoffe zu Boden und bilden den Schlick. Die Menschen beschleunigen diesen natürlichen Vorgang der Aufschlickung. Pfahlreihen mit Flechtwerk aus Stroh werden in den Wattboden gerammt. Sie heißen Lahnungen. Hier sammelt sich der Schlick.

M2: Übergang von der Marsch zur Geest

M3: Lahnungen

M4: … und viele Jahre später

Das Watt: „wachsendes Land"

Im Durchschnitt erhöht sich dann der Wattboden um vier Zentimeter im Jahr. Wenn das neu „gewachsene" Land bei Hochwasser kaum noch überspült wird, legt man Entwässerungsgräben an. Sie heißen Grüppen. Im Laufe der Zeit sammelt sich in den Grüppen immer wieder Schlick an. Er wird jedes Jahr ausgebaggert und auf Beete zwischen den Grüppen verteilt. Eine Pflanze, die das Salzwasser verträgt, ist der Queller. Er wird zwischen den Grüppen angepflanzt um den Schlick festzuhalten.

Früher wurde vor dem neuen Land wieder ein Deich gebaut um Weide- und Ackerland zu gewinnen. Eingedeichtes neu gewonnenes Land bezeichnet man als Koog. Heute dient das Neuland nicht der Landwirtschaft, sondern dem Küstenschutz. Ein Problem in den Kögen ist die Entwässerung. Damit das Regenwasser und das Wasser aus dem Binnenland abfließen kann, sind Tore in den Deich eingelassen. Sie regeln den Abfluss in die Priele. Das sind schmale, tiefe Wasserrinnen, die ins Meer führen.

1. Ein breites und bewachsenes Vorland ist ein guter Küstenschutz. Erläutere.

2. Eine kleine Rechenaufgabe: Der Wattboden ist um 76 cm gewachsen. Vor wie vielen Jahren wurden die Lahnungen angelegt?

3. a) Beschreibe nacheinander die vier Bereiche des Blockbildes (M1).
b) Überlege, wie sich die Landschaft in etwa 50 Jahren verändern könnte (M1).

4. Wie läuft der Vorgang der Landgewinnung ab? Benutze bei der Beschreibung folgende Begriffe: Schlick, Lahnungen, Grüppen, Queller, Bagger, Beete.

5. Ein Experiment: Fülle Erde und Sand in ein Glas mit Wasser. Rühre kräftig um. Warte zehn Minuten und beobachte. Erläutere an diesem Beispiel den Vorgang „Aufschlickung".

M5: Eine Grüppe wird angelegt

Ein Modell des deutschen Küstenraumes

Wer baut das schönste Modell des deutschen Küstenraumes mit Inseln, Watt, Deich, Koog, Marsch und Geest aus Lego, Knete, Salzteig, Papiermaché, Plastillin?
Die folgende Anleitung ist für ein Modell aus Papiermaché gedacht. Du kannst das vorgeschlagene Modell der 5. Klasse aus Flensburg nachbauen *(M1)* oder mit anderen Materialien ergänzen und abwandeln oder dein Modell nach eigenen Ideen gestalten.

Herstellung des Papiermachés

Zerreiße alte Zeitungen in möglichst kleine Fetzen. Lege sie danach in einen großen Topf. Füge warmes Wasser hinzu, bis sie bedeckt sind. Koche die Masse etwa 20 Minuten. Danach wird die Masse glatt gerührt und in ein Sieb zum Abtropfen geschüttet.
Gib nun auf ein Kilogramm abgetropfte Zeitungsmasse ca. vier Esslöffel Tapetenkleister, drei Esslöffel Holzleim und so viel feines Sägemehl, dass beim Durchkneten ein fester, aber formbarer Teig entsteht.

Herstellung des Modells

Forme nach *M1* auf *Seite 62* und nach Angaben im *Atlas (Karte: Schleswig-Holstein – Wirtschaft/Küstenschutz)* dein Modell. Nimm als Unterlage eine feste DIN A3-Pappe (z.B. die Rückseite eines großen Zeichenblocks) und belege sie mit Alufolie. Forme darauf dein Modell. Wenn es fertig ist, lasse es an der Luft trocknen. Vielleicht sieht es etwas rau aus. Durch Schleifen oder eine dünne Schicht halbflüssiger Papiermaché-Masse kannst du es glätten. Male das Modell an, nachdem du es zuvor weiß grundiert hast. Beschrifte dann die einzelnen Teile mit den Begriffen Insel, Watt, Deich, Koog, Marsch und Geest.
Viel Erfolg bei der Arbeit.

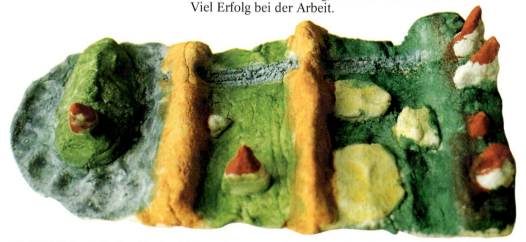

M1: Modell der deutschen Nordseeküste, gebaut von einer 5. Klasse aus Flensburg

Wie wir und andere leben

Klimazonen und Landschaftsgürtel
Die Klimazonen und Landschaftsgürtel ziehen sich bandförmig um die Erde. Wir unterscheiden die kalte, gemäßigte und heiße Zone.

Leben in unterschiedlichen Lebensräumen
Lebensraum der Inuit sind die arktischen Regionen von Kanada und Grönland. Ein Teil der Inuit lebt noch als Jäger wie in früheren Zeiten. Diese Inuit sind Selbstversorger.
Die Tuareg sind ein Nomadenvolk am Rand der Sahara. Sie leben von der Viehzucht. Sie sind mit ihren Herden ständig auf Wanderschaft. Sie treiben Tauschhandel.
Im tropischen Regenwald wachsen mehr Pflanzenarten als in jedem anderen Waldgebiet der Erde. Die Pflanzen reichen in verschiedene Höhen hinauf (Stockwerkbau). Hier leben die Pygmäen als Sammler und Jäger. Sie zählen zu den Ureinwohnern Afrikas.

Europas Feuerinseln
Vulkanausbrüche sind bekannte Naturerscheinungen im Mittelmeerraum. Der größte tätige Vulkan Europas ist der Ätna. Es ist ein Schichtvulkan. Vulkanisches Gestein verwittert zu fruchtbarem Boden. Daher werden die Vulkangebiete im Mittelmeerraum landwirtschaftlich genutzt.

Wenn die Erde bebt
Bestimmte Regionen der Erde sind durch Erdbeben gefährdet. Dazu gehört das Gebiet um San Francisco. Entlang der San-Andreas-Spalte sind bereits mehrere große Erdbeben aufgetreten.

Leben in bedrohten Gebieten
Das Leben in der Nähe von Vulkanen ist durch mögliche Ausbrüche bedroht. Trotzdem wohnen Menschen dort, so zum Beispiel in der Umgebung des Ätna auf Sizilien. Touristen, Bauunternehmer, Bauern, Kurgäste und die Betreiber von Kraftwerken schätzen die Nähe der Vulkangebiete.

Naturkatastrophen gefährden Lebensräume
Naturkatastrophen können durch die Natur selbst oder durch unsachgemäßes Handeln der Menschen ausgelöst werden. In bestimmten Gebieten der Erde kommen sie gehäuft vor.

Ursachen von Erdbeben und Vulkanausbrüchen
Erdbeben und Vulkanausbrüche haben dieselben Entstehungsursachen. Die feste Erdkruste besteht aus einzelnen Platten. Diese bewegen sich auf glutheißem, zähflüssigem Magma. An den Rändern führen die Bewegungen der Erdkrustenplatten zu Erdbeben und Vulkanausbrüchen.

Sturmflut und Küstenschutz
An der Nordseeküste kam es in der Vergangenheit immer wieder zu Sturmfluten. Weite Teile des Festlandes wurden überflutet und zerstört.
Die Gezeiten sind an der Nordsee deutlich ausgeprägt und treten im Wechsel von etwa sechs Stunden auf. Wenn Sturm und Flut zusammenkommen, entsteht eine Sturmflut. Landgewinnung erfolgt heute zum Schutz der Deiche und damit des Küstenraumes.

Das Wichtigste kurz gefasst

Grundbegriffe

Klimazone
Landschaftsgürtel
Iglu
Vulkan
Schichtvulkan
Lava
Asche
Magma
Bomben
Richterskala
Tsunami
Wirbelsturm
Tornado
Sturmflut
Gezeiten
Randmeer
Binnenmeer
Anziehungskraft
Fliehkraft
Springflut
Nippflut

Landwirtschaftliche Produkte auf einem Wochenmarkt

Ohne Landwirtschaft geht es nicht

Früchte aus fremden Ländern

Tropi-Frutti-Tag im Supermarkt

„Die schmeckt aber lecker", meint Julia. Soeben hat sie ein Stück Mango gegessen. Heute findet der Erdkundeunterricht im Supermarkt statt. „Tropische Früchte – vom Anbauland zum Supermarkt", heißt das Unterrichtsthema. Auf die Erkundung hat sich die Klasse in der letzten Erdkundestunde gut vorbereitet und Karteikarten mitgebracht. Zu jeder tropischen Frucht wollen die Kinder einen „Fruchtsteckbrief" erstellen. Auch Verpackungen und Aufkleber der Früchte wollen die Fruchtspezialisten mit in die Schule nehmen. Schließlich liefern diese ja Hinweise auf die Herkunftsgebiete der Früchte.

M1: Markenaufkleber tropischer Früchte

M2: Erkundungsbögen (Karteikarten)

Marktleiter Petersen hat von den tropischen Früchten Kostproben bereitgestellt. Die Kinder haben die meisten Früchte noch nie gegessen oder deren Namen gehört. Da liegen nun Kaki, Kumquats, Mangos, Guaven, Karambolen, Kiwis, Litschis, Papayas und Bananen.

„Die Heimat all dieser Früchte sind die wärmeren Regionen der Erde", erklärt Herr Petersen. „Früher wuchsen die Früchte dort nur wild. Als die Nachfrage bei uns in Europa stärker wurde, baute man sie schon bald als Nutzpflanzen an".

„Meine Lieblingsfrucht ist und bleibt die Banane!", ruft Viktor. Da ist er sicher nicht der Einzige; Bananen sind die meistverkauften tropischen Früchte bei uns. Sie sind so beliebt wie das einheimische Obst und kaum teurer als Äpfel.

1. Betrachte die Aufkleber *(M1)*: Schreibe die Länder auf, aus denen die tropischen Früchte kommen.

2. Sammeln macht Spaß! Lege eine Sammlung von Bananenaufklebern an. Sortiere nach Herkunft.

3. Suche dir drei tropische Früchte aus. Erkundige dich nach diesen Früchten im Supermarkt. Lege dazu einen Erkundungsbogen an *(M2)*.

4. Über welche Erdteile hat sich die Banane verbreitet *(Text* und *Weltkarte im Atlas)?*

M3: Auf einer Bananenplantage

Eine kleine Bananengeschichte

Die Banane ist eine der ältesten Nutzpflanzen der Erde. Es gab sie wahrscheinlich bereits in vorgeschichtlicher Zeit in den tropischen Wäldern Afrikas, Amerikas und Asiens. Durch Krieger, Sklaven- und Elfenbeinhändler verbreiteten sich die Bananenpflanzen bis auf die Kanarischen Inseln. Hier entdeckten portugiesische Seefahrer die wohlschmeckenden Früchte und legten Plantagen (Pflanzungen) an. Ein portugiesischer Mönch brachte 1516 Bananenpflanzen an die Ostküste Mittelamerikas. Von dort verbreitete sich die Banane als Plantagenpflanze rasch bis nach Südamerika.

Bitterer Lohn für süße Früchte

Bananenernte ist Schwerarbeit. Knapp die Hälfte der geernteten Früchte wird aussortiert. Nur die großen, makellosen Früchte werden verpackt und gehen in den Verkauf. Für die Arbeiter ist das ein Nachteil, denn sie werden nur für die verpackten Früchte bezahlt. An einem guten Tag verdient ein Bananero etwa zwölf Mark. Dafür muß er zwölf bis fünfzehn Stunden arbeiten. Die Frauen und Kinder müssen daher auf der Plantage mitarbeiten um die Familie zu ernähren.
Der Einsatz großer Mengen von Chemikalien in der Plantage richtet enorme Schäden an. Über die Böden gelangen die Pflanzengifte in die Brunnen und verseuchen die Flüsse. Viele Arbeiter bekommen von den Giften Hautausschläge, leiden unter verätzten Augen oder haben große Probleme mit ihren Mägen und Nieren.

Nahrungsmittel aus ökologischem Anbau

Frau Weber berichtet über die Entwicklung des Hofes

„Ich habe die Entwicklung in der Landwirtschaft seit meiner Kindheit miterlebt. Wir haben für unsere Produkte immer weniger Geld bekommen. Die Arbeitskräfte wurden immer teurer oder wanderten in die Industrie ab. Dort wurde mehr Lohn gezahlt. So mussten wir versuchen auf unseren Äckern mehr zu ernten. Wir haben mehr Landmaschinen eingesetzt und mehr Mineraldünger verwendet. Außerdem haben wir die Pflanzen mit chemischen Mitteln vor Krankheiten und Schädlingen geschützt.

Seit 1972 hat mein Schwiegervater dann seinen Hof nach und nach auf **ökologischen Landbau** umgestellt. Er wollte verhindern, dass sich im Boden, in den Pflanzen und in unserem Obst zu viele chemische Rückstände ansammeln. Wir benutzen nun keine chemischen Spritzmittel mehr und verwenden auch keinen Mineraldünger. Wir düngen ausschließlich mit organischem Material, also zum Beispiel mit Mist. Gegen Schädlinge spritzen wir nur natürliche Stoffe, wie Schwefel oder Kräuterauszüge."

M1: Ökologischer Fruchtwechsel

M2: Anbau von Mischkulturen (Hafer, Erbse, Futtermais) gegen einseitige Bodenbeanspruchung

„Schädlinge" und „Unkräuter"

Der Öko-Bauer sagt, dass jedes Tier und jede Pflanze eine wichtige Aufgabe in der Natur habe. Der gefürchtete Kartoffelkäfer ist zum Beispiel die Lieblingsspeise von Kröten. Wildkräuter wie zum Beispiel die Brennnessel sind die Lebensgrundlage einer Schmetterlingsart.

Tiere werden erst dann zu „Schädlingen" und Wildkräuter zu „Unkräutern", wenn sie in Massen auftreten und die Ernte bedrohen. Dann muss auch der Öko-Bauer eingreifen – aber mit natürlichen Mitteln. Unkräuter entfernt er zum Beispiel mit einer Hackmaschine oder mit der Hand.

M3: Ein Öko-Bauer auf dem Wochenmarkt

Grundzüge der ökologischen Landwirtschaft

Anbau: Auf den Feldern werden im Wechsel Blattpflanzen (z.B. Kleegras, Ackerbohne) und Halmpflanzen (z.B. Weizen, Gerste) oder auch Mischkulturen *(M2)* angebaut.

Blattpflanzen entwickeln große Wurzeln, die tief in den Boden reichen. Sie lockern ihn auf, sodass die Lebewesen im Boden Luft und Wasser erhalten. Einige Blattpflanzen, wie zum Beispiel Kleegras, führen dem Boden zusätzlich Nährstoffe zu. Halmpflanzen dagegen entwickeln wenig Wurzeln. Sie entziehen dem Boden viele Nährstoffe.

Bearbeitung des Bodens: Der Boden wird nur etwa 20 cm tief gepflügt, aufgelockert und flach gewendet. Die Arbeitsgeräte sind klein und leicht um den Druck auf den Boden gering zu halten. So bleibt er locker. Das ist wichtig für das Wachstum der Pflanzen.

Düngung: Stallmist ist der wichtigste Dünger. Aber auch Ernterückstände wie Stroh und Blätter dienen der Düngung. Sie bleiben auf den Feldern liegen und werden mit einem Ackergerät fünf bis acht Zentimeter tief in den Boden eingearbeitet. Etwa alle vier Jahre wird auf einem Feld Klee angebaut. Der Klee wird nicht geerntet, sondern untergepflügt. Man nennt dies „Gründüngung".

Pflanzenschutz: Es werden keine chemischen Mittel eingesetzt. Der Bio-Bauer entfernt „Unkräuter" zum Beispiel mit einer Hackmaschine oder auch mit der Hand. Gegen Krankheiten oder Insektenbefall spritzt er mit Schwefel oder Kräuterauszügen.

1. Warum hat Altbauer Weber seinen Hof 1972 auf ökologischen Landbau umgestellt?

2. Beschreibe die Grundzüge der ökologischen Landwirtschaft. Benutze hierfür die Stichwörter Anbau, Bodenbearbeitung, Düngung und Pflanzenschutz.

3. Wann spricht der Öko-Bauer von „Schädlingen" und „Unkräutern"?

4. Erkundige dich auf Wochenmärkten, in Reformhäusern und Supermärkten nach Obst und Gemüse von Öko-Höfen. Stelle die Preise fest und vergleiche mit herkömmlichen Produkten. Lege eine Tabelle an:

Produkt	Preis (kg oder Stück)	
	Öko	herkömmlich
Äpfel	…	…
Kopfsalat	…	…
usw.	…	…

Viehwirtschaft im Allgäu

M1: Das Allgäu

M2: Auf der Alm mit einer Sennhütte

In Süddeutschlands grünem Rinderland

Je mehr man sich den Alpen nähert, desto grüner wird die Landschaft. Die Getreide-, Rüben- und Kartoffelfelder nehmen ab, der Anteil des Grünlandes dagegen wächst ständig. Wohin man am Fuß der Alpen auch schaut, überall nur Wiesen und Weiden sowie einzelne, in der Feldflur verstreute Höfe.

Hier im Allgäu haben die Bauern schon um die Jahrhundertwende ihre Äcker in **Dauergrünland** umgewandelt und ihre Betriebe auf die **Viehwirtschaft** umgestellt. Die hohen Niederschläge am Rand der nördlichen Alpen, niedrige Temperaturen und meist steinige oder nasse Böden ergaben bei dem Getreide- oder Kartoffelanbau nur geringe Erträge. Gras dagegen wächst hier prächtig. Die Bauern besitzen oft 50 und mehr Kühe, die auf den hofnahen Weiden oder in Ställen gehalten werden.

Viele Bauern bevorzugen heute die Stallhaltung. Sie erleichtert ihnen die Fütterung, das Melken und die Pflege der Tiere. Ein großer Teil der Wiesen wird daher als Mähwiesen genutzt. Sie können bei ausreichender Düngung viermal jährlich geschnitten werden und liefern für die Rinder ein nahrhaftes Heu.

1. Beschreibe die Lage des Allgäus (*M1* und *Atlas, Karte: Deutschland – physisch*). Wo in Deutschland, zwischen welchen Gebirgen liegt es?

2. Begründe, warum sich die Bauern im Allgäu auf die Milchviehhaltung spezialisiert haben (*Text* und *Atlas, Karte: Deutschland – Klima*).

Milch und Käse im Überfluss

Im Allgäu liefern etwa 300 000 Kühe mehr als eine Milliarde Liter Milch pro Jahr. Diese gewaltige Menge kann von den Bewohnern des Allgäus nicht verbraucht werden. Da unbehandelte Milch aber schnell verdirbt, muss sie umgehend verarbeitet werden.

Früher stellten die Senner schon auf den Almen aus Milch Butter und Käse her oder transportierten sie möglichst schnell in die Täler. Außerdem unterhielt fast jede Gemeinde eine kleine Käserei, in der die Milch weiterverarbeitet wurde. Heute können diese Kleinbetriebe nicht mehr mit Gewinn arbeiten. An ihre Stelle traten daher die modernen Großkäsereien.

Der größte Käsehersteller des Allgäus sind die Emmentaler Werke, in denen sich 100 Kleinbetriebe zu sieben Großbetrieben zusammengeschlossen haben. Jeden Morgen, im Sommer wie im Winter, sammeln die Kühltankwagen, von denen jeder 10 000 Liter fassen kann, die Rohmilch auf den Bauernhöfen ein und transportieren sie zu einem Käsewerk. Hier entstehen in großen, sehr sauberen Maschinen die Käselaibe, die dann einige Monate in Kellern reifen müssen. In einem einzigen Werk werden pro Tag bis zu 5000 Zentner Käse hergestellt. Würde man alle Käselaibe, die an einem Tag im Allgäu produziert werden, aufeinander legen, dann ergäbe sich ein Turm, der höher ist als der Kölner Dom (160 m).

Trotz der Verarbeitung der Milch in Molkereien und Käsereien wird im Allgäu heute zu viel Milch produziert. Die Milchzentralen anderer Bundesländer kaufen die Überschüsse der wertvollen Alpenmilch zum Teil auf. In gekühlten Tankwagen wird sie sogar über die Alpen bis nach Italien transportiert. Experten befürchten aber, dass im Allgäu in Zukunft ein zu großer Milchüberschuss entstehen könnte, für den man eines Tages keine Abnehmer mehr finden kann.

M3: In einem Käsereigroßbetrieb

3. Begründe, warum es im Allgäu früher viele kleine Käsereien gab.

4. Beschreibe den Weg der Milch vom Bauernhof bis zu dem Verbraucher *(M4)*.

5. Erkundige dich, woher die Milch und der Käse kommen, die deine Familie kauft.

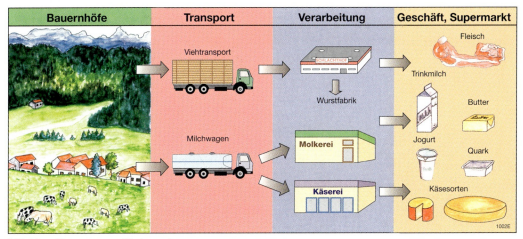

M4: Vom Erzeuger zum Verbraucher

Massentierhaltung im Münsterland

M1: Lage des Münsterlandes

M2: Futter per Computer

Schweinemast in Massen: Bauernhof oder Fabrik?

„Mehr Schweine als Einwohner" – dieser Nachricht müssen wir mit unserer Erdkunde-AG nachgehen. Vielleicht kann man ja in der Schülerzeitung über die **Massentierhaltung** berichten. So verabreden wir uns mit Herrn Lorenz. Ihm gehört ein stattlicher Bauernhof am Ortsrand von Warendorf. Die Landschaft hier ist weitläufig und, abgesehen von einigen flachen Hügeln, eben. Als wir auf dem Hof ankommen, stellen wir verblüfft fest, dass die Gebäude wie Fabrikhallen aussehen. Herr Lorenz erwartet uns schon und lädt uns zu einem Rundgang durch seinen Betrieb ein. Natürlich haben wir viele Fragen:
„Wie viele Schweine mästen Sie denn im Jahr?"
„Nun, ich habe vier Ställe. In jedem Stall sind 200 Schweine. Dreimal im Jahr wird jeder Stall neu ‚eingeferkelt'; jeden Monat einer. Pro Jahr mäste ich also rund 2400 Schweine. Das ist noch ziemlich wenig, manche Kollegen mästen bis zu 10 000 Schweine im Jahr."
„Sind die Ferkel seit Geburt hier im Stall?"
„Nein, ich kaufe sie von einem Viehhändler, pro Monat 200 Stück. Sie sind dann zehn bis zwölf Wochen alt und jedes Tier wiegt etwa 20 kg. Dann bleiben sie vier Monate bei mir und nehmen ungefähr 80 kg zu."
„Und dann?"
„Ja, dann werden sie an Händler und Schlachtereien verkauft – jeden Monat alle Schweine eines Stalles. So habe ich regelmäßige Einnahmen.
„Wie schaffen sie es eigentlich, 800 Schweine zweimal täglich zu füttern?"
„Mein Computer hilft mir. Er steuert die Zusammensetzung des Futters. Außerdem rechnet er die Futtermenge

---

Mehr Schweine als Einwohner

MÜNSTER (cc) Aus Westfalen kommen fast ein Viertel der bundesdeutschen Schweine; jedes Jahr sind es nahezu 7,4 Millionen Stück. Wie die Landwirtschaftskammer Westfalen-Lippe in Münster mitteilt, findet man die größten Bestände an Mastschweinen über 20 kg in den Kreisen Borken, Coesfeld, Steinfurt und Warendorf: ca. 1,7 Millionen Stück. Die genannten Kreise haben zusammen etwas über 1,1 Millionen Einwohner ...

M3: Zeitungsmeldung

1. Mehr Schweine als Einwohner. Erläutere. Der Zeitungsartikel hilft dir dabei.

2. Nenne zwei Gebiete in Deutschland mit Schweinehaltung in Großbeständen von über 500 Tieren (Atlas, Karte: Deutschland – Landwirtschaft).

3. Wie viele Schweine könnte Herr Lorenz im Jahr mästen, wenn er in jedem Stall Platz für 300 Stück hätte *(Text, M4)*?

aus, die jedes Schwein bekommt. Dazu braucht der Computer das Gewicht der Schweine. Sie werden deshalb regelmäßig gewogen. Natürlich war die Anschaffung des Computers teuer. Doch durch die **Automatisierung** weiß ich auch sofort, was mich eine Fütterung kostet."

„Herr Lorenz, was bekommen Ihre Schweine eigentlich zu fressen?"
„Sie erhalten eine Futtermischung aus Wasser oder Magermilch und Trockenfutter. Dieses besteht aus Mais, Getreideabfällen, Sojaschrot und Mineralstoffen."
„Und woher kommt das Futter?"
„Den Mais hole ich von meinen Feldern, er macht etwa die Hälfte des Futters aus. Den Rest kaufe ich von einem Großhändler in Münster."
„Der Kot wird ja automatisch abgepumpt, nachdem er durch die Spalten in den Boxen der Tiere gefallen ist! Wir haben gelesen, dass ein Schwein pro Tag sieben Liter Gülle *aus Kot und Urin abgibt. Was machen Sie damit?"*
„Ich bringe die Gülle als Dünger auf meine Felder. So kann ich unsere teils trockenen und sandigen Böden etwas verbessern. Der Mais verträgt dies sogar besonders gut. Schweine produzieren Gülle – Mais braucht Gülle – die Schweine brauchen Mais."
„Das passt ja gut zusammen. Ihr Hof liegt, wie andere Höfe auch, außerhalb des Dorfes. Liegt das am Gestank der Gülle?"
„Nein, hauptsächlich daran, dass hier mehr Platz ist als im Dorf. Aber hier draußen stören auch ein bisschen Geruch oder ein paar Geräusche die Dorfbewohner nicht. Es ist eben doch ein Bauernhof, auch wenn er manchmal eher an einen Industriebetrieb erinnert."

5075E	Stall 1	Stall 2	Stall 3	Stall 4
Jan.	🐖	🐷	🐖	🐖
Feb.	🐖	🐖	🐷	🐖
März.	🐖	🐖	🐖	🐷
Apr.	🐷	🐖	🐖	🐖
Mai	🐖	🐷	🐖	🐖
Juni	🐖	🐷	🐖	🐖
Juli	🐖	🐖	🐖	🐷
Aug.	🐷	🐖	🐖	🐖
Sept.	🐖	🐷	🐖	🐖
Okt.	🐖	🐖	🐷	🐖
Nov.	🐖	🐖	🐷	🐖
Dez.	🐷	🐖	🐖	🐖

M4: Schweinemast (Ablauf)

4. Welche Folgen hätte es für Herrn Lorenz, wenn er keine Felder besäße?

5. „Vom Ferkel zum Kotelett" oder: „Wie kommt das Fleisch auf deinen Teller?" Beschreibe *(M5).*

6. Bauernhof oder Schweinemast-Fabrik? Beantworte die Frage der Überschrift.

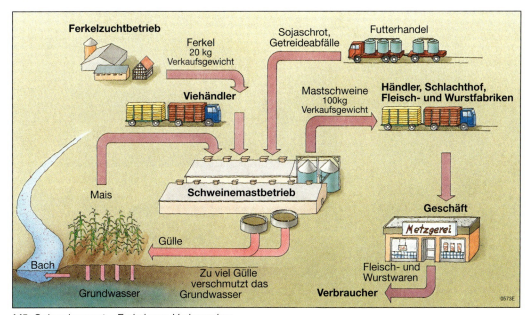

M5: Schweinemast – Ferkel zum Verbraucher

Zuckerrüben aus der Magdeburger Börde

Zuckersüße Rüben

An einem Donnerstag im Dezember vor der Schokoladenfabrik in Delitzsch bei Leipzig: Ein Lastwagen der Zuckerfabrik Klein Wanzleben wartet darauf entladen zu werden. Die 20 Tonnen Zucker in seinen Tanks haben schon einen langen Weg hinter sich:

Er beginnt auf einem Acker in der Magdeburger Börde. Dort baut Bauer Flemming Zuckerrüben an. Schon Ende April hat er mit einer Sämaschine die Rübensamen in den lockeren Boden gesetzt, Körnchen für Körnchen in genau 30 Zentimeter Abstand. Diesen Platz brauchen die Rüben um sich gut entwickeln zu können. Zuckerrüben sind anspruchsvolle Pflanzen, daher ist der fruchtbare Boden der **Börden** für sie bestens geeignet. Er besteht zum größten Teil aus **Löss,** einem feinen Gesteinsstaub. Dieser wurde während der letzten **Eiszeit** von Winden am Rand der Mittelgebirge und in einigen Gebieten Süddeutschlands abgelagert.

Zusammen mit Pflanzenresten und kleinen Bodenlebewesen entstand als obere Bodenschicht eine sehr nährstoffreiche **Schwarzerde.** Darauf könnte Bauer Flemming eigentlich fast jede Nutzpflanze anbauen. Zuckerrüben bringen jedoch die höchsten Gewinne.

Doch Herr Flemming baut nicht nur Zuckerrüben an. Er teilt seine Ackerfläche in einzelne Stücke und sät darauf im jährlichen Wechsel Zuckerrüben, Weizen und Gerste. Durch diesen **Fruchtwechsel** *(M2)* werden dem Lössboden nicht immer dieselben Nährstoffe entzogen.

M1: Die Magdeburger Börde

1. Erkläre, warum Lössboden für den Anbau anspruchsvoller Pflanzen besonders geeignet ist *(M6)*.

2. Lössböden gibt es nicht nur in der Magdeburger Börde. Nenne weitere Börden mit Lössboden und Zuckerrübenanbau *(M5)*.

M3: Rübenvollernter

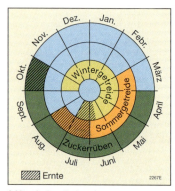

M2: Anbaukalender

M4: Maschinelle Rübenaussaat

M5: Zuckerrübenanbaugebiete und Zuckerfabriken in Deutschland

3. Beschreibe den Fruchtwechsel, den Bauer Flemming auf seinen Feldern betreibt *(M2)*.

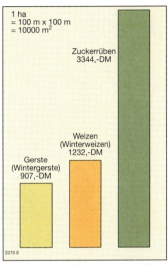

M7: Ertrag in DM von einem Hektar (ha) Landwirtschaftsfläche (1994)

M6: Lössboden (Unterboden) und Schwarzerde (Oberboden)

Schwarzerde
humusreicher und deshalb dunkel gefärbter Boden, der sich über dem Löss gebildet hat.

Löss
Windanwehungen von feinzerriebenem Gesteinsmehl aus der Eiszeit (vor über 10 000 Jahren). Der daraus entstandene Lössboden ist besonders fruchtbar (meist tiefgründig, locker, und er kann wie ein Schwamm Wasser speichern).

Humus
Bestandteile des Bodens aus abgestorbenen pflanzlichen und tierischen Lebewesen.

Weinbau

M1: Weinbaugebiete in Deutschland

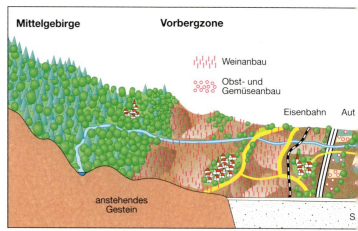

M2: Querschnitt durch den Oberrheingraben (Modell)

Die Rheinpfalz – Weinfelder ohne Ende

Edenkoben, St. Martin, Deidesheim – viele Menschen kennen die Orte an der Deutschen Weinstraße. Im Herbst, zur Zeit der Weinlese, herrscht in den verwinkelten Winzerorten Hochbetrieb. Die Straßen sind mit Traktoren, Kübelwagen voller Trauben, Erntemaschinen und Autos aus allen Teilen Deutschlands verstopft. In Gasthöfen und Straßenwirtschaften wird „der Neue", der neue Wein, ausgeschenkt.

Winzer Damm besitzt ein zehn Hektar großes Weingut. Er erklärt, warum hier so viel Wein angebaut wird: „Die Oberrheinische Tiefebene ist ein klimatischer Gunstraum, in dem die empfindlichen Reben gut gedeihen. Unsere Weinberge liegen in der Ebene oder in der Vorbergzone an sanft geneigten Hängen. Extreme Steillagen wie an der Mosel gibt es hier nicht."

M3: Weinlese an Steilhängen ...

M4: ... und an sanft geneigten Hängen

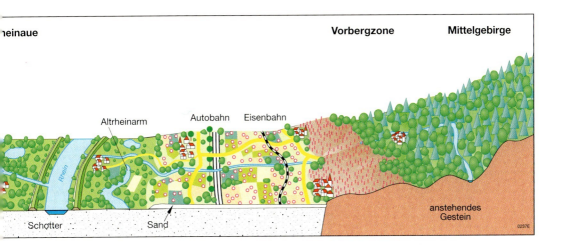

Weinbaubetriebe verändern sich

Wegen der geringen Hangneigungen kann Herr Damm auch Maschinen einsetzen. „Früher mussten wir Erntehelfer suchen, die bereit waren, für wenig Geld von morgens bis abends hart zu arbeiten", erzählt der Winzer. „Wenn sie ausfielen, konnte ich die Ernte nicht rechtzeitig einbringen. Heute erledigt meine Erntemaschine die Arbeit zuverlässig in wenigen Tagen. Die Trauben bringe ich per Traktor zu meinem Keller. Dort werden die Beeren gemahlen und in einer Kelter (Weinpresse) ausgepresst. Der Most fließt in große Plastiktanks, in denen er zu gären beginnt. In einigen Monaten hat er sich in Wein umgewandelt.

Die Qualität des Weines hängt nicht nur von dem Standort und der Rebsorte ab. Genauso wichtig ist die Arbeit des Winzers. Er kann entscheiden, ob er Massenweine oder Qualitätsweine produzieren will. Die höchste Qualität liefern die alten Rebstöcke. Sie brauchen besonders viel Pflege. Während der Lesezeit gehe ich mindestens zehnmal durch die Reihen und schneide nur die besonders reifen und gesunden Trauben ab. So gewinne ich zwar einige Liter Wein weniger, dafür aber eine Spitzenqualität, die sehr gute Preise erzielt."

Viele Winzer an der Weinstraße keltern und lagern ihren Wein nicht mehr in den eigenen Betrieben. Sie haben sich zu Genossenschaften zusammengeschlossen. In den Kellern der Genossenschaft übernehmen ausgebildete Fachleute die Verarbeitung der Trauben und die Lagerung des Weines von allen Genossenschaftswinzern. Hier wird der Wein auch in Flaschen abgefüllt und für den Verkauf vorbereitet. Die Genossenschaft organisiert die Verkaufswerbung, sie kümmert sich um Kunden, sie setzt die Preise fest und sorgt für den Transport.

Große Sorgen macht allen Winzern jedoch die Konkurrenz aus dem Ausland. Auch in Italien und Frankreich wachsen gute Weine, die preisgünstig angeboten werden.

1. Beschreibe die Lage der Weinbaugebiete in der Rheinpfalz (*M1*).

2. Die Erntemaschine kostete Winzer Damm 450 000 DM. Trotzdem lohnt sich ihre Anschaffung. Begründe.

3. Erkläre, warum auch die Arbeit des Winzers über die Weinqualität entscheidet.

4. Begründe, warum sich viele Winzer in Genossenschaften zusammengeschlossen haben.

5. Nenne Gründe für die durchschnittlichen Betriebsgrößen: Mosel (Steillagen): 4 ha; Rheinpfalz (Selbstvermarkter): 10 ha; Rheinpfalz (Genossenschaftswinzer): 15 ha.

Landwirtschaft in Deutschland

Landwirtschaft in Abhängigkeit vom Naturraum

Das Norddeutsche Tiefland, die Mittelgebirge, das Alpenvorland und die Alpen werden sehr unterschiedlich genutzt. Weidewirtschaft wird dort betrieben, wo die Niederschläge vergleichsweise hoch sind, und der Boden für einen ertragreicheren Ackerbau zu feucht oder zu nährstoffarm ist. Solche Böden treten in den Marschen, im Allgäu oder auch in den Tälern der Mittelgebirge auf. Zuckerrüben dagegen sind so anspruchsvoll, dass ihr Anbau sich nur auf sehr nährstoffreichen Böden lohnt: in den Börden und den lössbedeckten Gäuen Süddeutschlands. Dort wird im Fruchtwechsel häufig auch Weizen angebaut *(vgl. auch S. 76/77)*.

Wein, Obst und Gemüse werden bevorzugt dort angebaut, wo das Klima, insbesondere Temperatur und Niederschlag, den Anbau begünstigt. Doch finden wir Obst- und Gemüseanbau häufig auch in Gebieten, in denen das Klima oder der Boden nicht so günstig sind. Zu diesen Gebieten gehört das **Umland** der großen Städte, wo täglich viele frische Nahrungsmittel benötigt werden. Hier lohnt sich sogar der besonders aufwendige Anbau in Glashäusern und unter Folien.

Die Massentierhaltung ist vom Boden und vom Klima weitgehend unabhängig. Das Futter wird oft von weither antransportiert, und große Ställe kann man fast überall errichten. Deswegen gibt es Massenhaltung von Schweinen und Hühnern in allen Teilen Deutschlands.

Auch die ökologische Landwirtschaft ist an keine bestimmte Landschaft gebunden. So findet man auch Wein-, Obst- und Gemüsebauern, die auf gekauften Mineraldünger und Pflanzenschutzmittel verzichten.

Gebiete, die weniger für die Landwirtschaft geeignet sind, werden forstwirtschaftlich genutzt: Bäume werden gefällt, das Holz wird verkauft und auf den freien Flächen werden wieder junge Bäume gepflanzt.

1. Die Landwirtschaftsschlange *(M1)* ist über Deutschland gekrochen. Dabei notierte sie die Landnutzung und einige Namen von Landschaften und Städten. Sie hat jedoch alles in einem Wort zusammengeschrieben und kann die Wörter nun nicht mehr trennen. Finde du die richtige Nutzung und den Namen heraus. Ordne von Norden nach Süden (Atlas, Karte: Deutschland – Landwirtschaft).

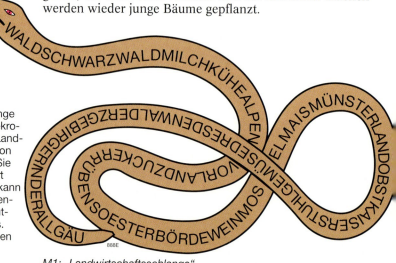

M1: „Landwirtschaftsschlange"

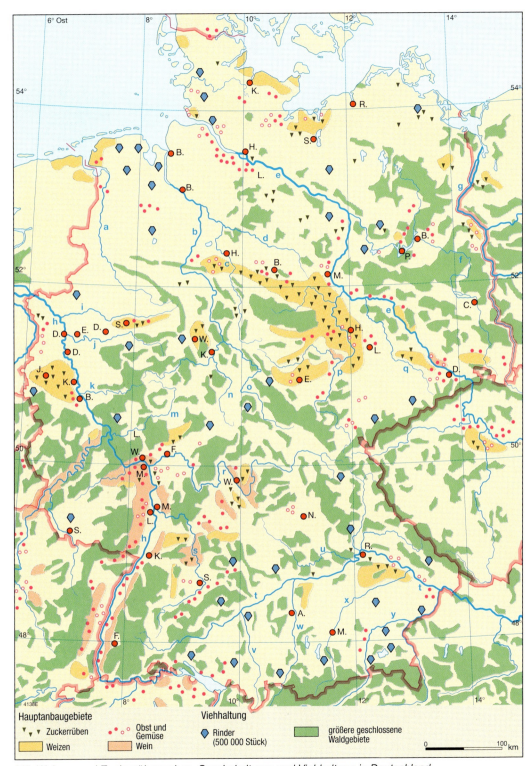

M2: Weizen- und Zuckerrübenanbau, Sonderkulturen und Viehhaltung in Deutschland

M1: Leistungsfähigkeit der Landwirtschaft

Erntemaschinen ersetzen Feldarbeiter

M2: Mähen einer Wiese – früher

1. Beschreibe den Wandel in der Landwirtschaft mithilfe von M1 bis M5.

M3: Mähen einer Wiese – heute

M4: Bewohner eines Bauernhofes 1936 …

M5: … und heute

Ohne Landwirtschaft geht es nicht

Das Wichtigste kurz gefasst

Früchte aus fremden Ländern
Bei einem Besuch im Supermarkt erkundigen sich Schülerinnen und Schüler nach dem dortigen Angebot an tropischen Früchten.

Nahrungsmittel aus ökologischem Anbau
Um zu verhindern, dass sich im Boden und in den Pflanzen zu viele chemische Rückstände ansammeln, stellen immer mehr Betriebe ihre Landwirtschaft auf ökologischen Anbau um. Sie verwenden keine chemischen Spritzmittel und keinen Mineraldünger.

Viehwirtschaft im Allgäu
Im Allgäu wird Grünlandwirtschaft betrieben. Bodenqualität und Klima sind für den Anbau von Feldfrüchten ungeeignet. Mehr als 300 000 Kühe liefern mehr als eine Milliarde Liter Milch pro Jahr. Neben Frischmilch werden Milchprodukte wie zum Beispiel Butter, Quark, Schlagsahne und vor allem Käse hergestellt. Größter Käsehersteller sind die Emmentaler Werke, in denen sich mehr als 100 Kleinbetriebe zusammengeschlossen haben.

Massentierhaltung im Münsterland
Das Münsterland ist ein Zentrum der Massentierhaltung. Unter Einsatz moderner Technik werden in kurzer Zeit, mit geringem Arbeitsaufwand und auf kleiner Fläche Schweine und Hühner gezüchtet. Die Tierhaltung wird von Naturschützern als nicht artgerecht kritisiert.

Zuckerrüben aus der Magdeburger Börde
Die Magdeburger Börde gehört zu den fruchtbarsten Landschaften Deutschlands. Das gesamte Gebiet ist mit einer Schicht aus feinem Gesteinsstaub bedeckt. Diesen bezeichnet man als Löss. Auf den nährstoffreichen Schwarzerdeböden der Börden werden vor allem Zuckerrüben im Fruchtwechsel mit Getreide angebaut.

Weinbau
Rheinland-Pfalz ist ein Zentrum des Weinanbaus. Der Wein gehört zu den Sonderkulturen. Der Winzer muss jeden Weinstock mehrmals im Jahr bearbeiten.

Landwirtschaft in Deutschland
Die natürlichen Bedingungen sind für das bunte Bild unterschiedlicher landwirtschaftlicher Nutzungen in Deutschland verantwortlich.
Gebiete mit ertragreichen Böden werden vorwiegend für den Ackerbau genutzt. Die Viehwirtschaft ist hingegen weniger von den natürlichen Bedingungen abhängig. Das trifft weitestgehend auch für die Forstwirtschaft zu.

Grundbegriffe

ökologischer Anbau
Dauergrünland
Viehwirtschaft
Massentierhaltung
Automatisierung
Börde
Löss
Eiszeit
Schwarzerde
Fruchtwechsel
Umland

Im Rheinischen Braunkohlenrevier

Industrieräume in Deutschland

Tagebaue verändern die Landschaft
Das Rheinische Braunkohlenrevier

Eine Landschaft wird umgegraben

„Hier von der Sophienhöhe aus habt ihr einen guten Überblick über das Braunkohlenabbaugebiet Hambach", sagt Herr Braun. „Es ist zur Zeit sechs Kilometer lang, vier Kilometer breit und 257 Meter tief. Der Schaufelradbagger im Vordergrund (siehe *Bild Seite 85*) baut mit seinen 18 riesigen Schaufeln die **Braunkohle** Meter um Meter ab. Dabei leistet er pro Tag so viel wie 40 000 Arbeiter. Über Förderbänder gelangt die Rohkohle zu einem ‚Bunker'. Hier wird sie bis zur Weiterverwendung (Kraftwerk oder Fabrik) gelagert.

Die Schaufelradbagger im Hintergrund räumen die etwa 230 Meter mächtige Deckschicht über der Kohlenschicht ab. Dieser Abraum wird über Förderbänder in den bereits ausgekohlten Teil des Tagebaus transportiert und dort verkippt. Das machen die vier Geräte mit dem langen Stahlarm, die sogenannten Absetzer."

Doch bevor die Braunkohle im **Tagebau** gefördert werden kann, muss das Abbaugebiet zunächst erschlossen werden. Dies bedeutet einen großen Eingriff in die Natur und das Leben der Menschen: Straßen, Bahnlinien, Felder, Bäche und ganze Ortschaften werden verlegt und umgestaltet. „Wenn ich daran denke, kann ich nachts kaum mehr schlafen", sagt Herr Braun. „In meinem Geburtshaus wohnten schon meine Eltern und Großeltern. Haus, Garten, Obstbäume, alles soll weg. Sogar das Grab meiner Frau muss an den neuen Ort verlegt werden." Auch das Grundwasser stellt ein großes Problem dar. Um die Kohle im Trockenen abbauen zu können muss es bis unter die tiefste Abbaustelle abgesaugt werden. Dadurch wird der Grundwasserspiegel abgesenkt.

M1: Braunkohlenreviere in Deutschland

1. Beschreibe die Arbeit des Schaufelradbaggers *(Seite 84/85)*.

① Kulturlandschaft
② ⎫ Aufschließung eines
③ ⎭ Tagebaus, Braunkohlenabbau
④ ausgekohlter Tagebau
⑤ rekultivierte Landschaft

M2: Entwicklung von der Kulturlandschaft zur Bergbau-Folgelandschaft

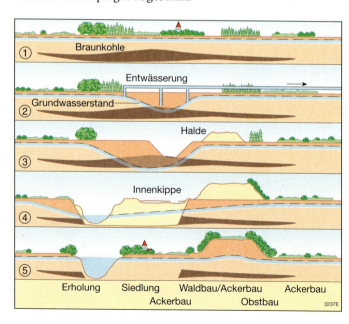

Kohlegruben – und was wird dann?

Etwa 50 Jahre lang arbeiten Schaufelradbagger und Absetzer in gleichem Rhythmus miteinander, bevor die Braunkohle in Hambach abgebaut ist und ein neuer Tagebau erschlossen wird. Dabei wird die Landschaft zerstört, aber wieder aufgebaut und umgestaltet. Riesige Kippen und einige Gruben bleiben. Und es entstehen neue Flächen für die Landwirtschaft, die Besiedlung oder die Erholung. Diesen Vorgang bezeichnet man als **Rekultivierung.**

In der Jülich-Zülpicher Börde zum Beispiel wurde vor Beginn des Braunkohlenabbaus der größte Teil dieses Raumes als Ackerland für den Anbau von Weizen und Zuckerrüben genutzt. Die fruchtbare Lössschicht war bis zu 20 Meter mächtig. Nachdem die Kohle abgebaut war, wurde der Tagebau mit Abraum aufgefüllt und es begann die landwirtschaftliche Rekultivierung. Dazu wurde eine zwei Meter mächtige Lössdecke auf den Abraum aufgetragen. Nach sieben Jahren der Bodenverbesserung konnten die Getreide- und Zuckerrübenfelder ähnlich hohe Ernten liefern wie vor dem Tagebau.

Landwirtschaftliche Rekultivierung bedeutet aber auch: neue und in kleinen Gruppen zusammengefasste Bauernhöfe; große, zusammenhängende Feldstücke, die mit den Maschinen gut bearbeitet werden können; Windschutzhecken entlang von Wegen und Wasserrinnen sowie kleinere Gruppen von Bäumen und Sträuchern. In ihnen können Singvögel, Feld- und Waldtiere leben und brüten.

Im Süden von Köln (südlich der Ville) hat die Rekultivierung für die Stadtbevölkerung große Naherholungs- und Naturschutzgebiete erbracht. Hier sind geschlossene Wälder mit Weihern und größeren Seen angelegt worden.

2. Beschreibe die Entwicklung der Landschaft in *M2*.

3. Begründe, weshalb der Braunkohlenabbau die Umwelt belastet.

4. Was versteht man unter dem Begriff Rekultivierung?

5. Wie geht die landwirtschaftliche Rekultivierung vor sich?

6. Beschreibe die Entwicklung der Landschaft in *M3* und *M4*.

 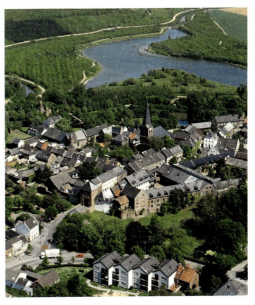

M3 und M4: Braunkohlenabbau bei Bedburg (Fotos vom 17.5.76 und 1.7.89)

Die Entstehung von Kohle

Kohle – Zeuge aus der Vergangenheit der Erde

Wo sich heute das größte Industrierevier Europas erstreckt, war vor ungefähr 300 Millionen Jahren eine riesige Wald-Sumpf-Moorlandschaft. Das Klima war damals feucht und warm, ähnlich dem heutigen Tropenklima. Es gab bis zu 50 Meter hohe Schuppen- und Siegelbäume, baumartige Farne und Schachtelhalme. Aus dieser üppigen Vegetation entstand die Steinkohle des Ruhrgebietes. Wie war das möglich?

Als das Land sich langsam absenkte, wurden die Sumpfwälder vollständig überflutet. Sand, Schlamm, Ton und Geröll wurden über die Pflanzen gespült und schlossen sie von der Luft ab. So konnten sie nicht vermodern oder verwesen. Je weiter die abgestorbenen Wälder in die Tiefe gerieten, desto größer wurde der Druck der darüber liegenden Schichten. Vor allem aber steigen die Temperaturen mit zunehmender Tiefe stark an. Unter dem Einfluss der hohen Temperaturen wandelte sich das Holz der versunkenen Wälder langsam um: Es entstand zunächst Torf, dann Braunkohle und schließlich Steinkohle. Diesen Vorgang bezeichnet man als **Inkohlung**. Da es mehrfach zur Überflutung von Wäldern und deren Absenkung kam, liegen mehrere Kohlenflöze übereinander.

Während die Braunkohle in der Niederrheinischen Bucht „nur" etwa 15 Millionen Jahre alt ist, beläuft sich das Entstehungsalter der Steinkohle im Ruhrgebiet auf über 250 Millionen Jahre. Da sie viel länger einem starken Druck und höheren Temperaturen ausgesetzt war, enthält sie deutlich weniger Feuchtigkeit und ist fester zusammengepresst als Braunkohle: Ein Stück Steinkohle brennt besser und länger und entwickelt dabei höhere Temperaturen als ein gleich großes Stück Braunkohle.

1. Beschreibe die Entstehung von Kohlelagerstätten *(M4)*.

2. Unter dem Ruhrgebiet befinden sich über 100 Steinkohlenflöze übereinander. Begründe.

3. Der erste Schritt bei der Inkohlung ist die Umwandlung von Holz in Torf. Welches sind die Schritte 2 und 3?

M1: Abdruck eines Farns in der Steinkohle

M2: Rest eines Mammutbaumes (Grube Donatus 1907)

M3: Landschaft zur Steinkohlenzeit, vor etwa 200 Millionen Jahren

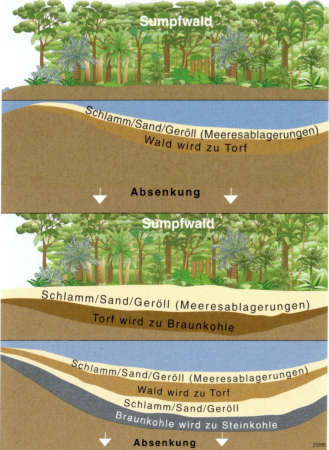

M4: Entstehung von Kohlelagerstätten

89

Chemische Industrie in Leuna

Dünger, Farbe und Benzin aus Kohle – Leuna

1913 entwickelten Forscher eine Methode, wie man aus Kohle, Wasser und Luft künstlich große Mengen Mineraldünger herstellen kann. Dies war eine wichtige Entdeckung, denn Dünger wurde damals in der Landwirtschaft dringend benötigt um für die wachsende Bevölkerung genügend Nahrungsmittel erzeugen zu können.

In ganz Deutschland suchte man nun nach einem geeigneten Standort für ein großes Chemiewerk zur Herstellung von Mineraldünger.

Der Standort musste verschiedene Bedingungen erfüllen:

1. In der Nähe sollte es genügend **Rohstoffe** für die Produktion geben: Kohlenvorkommen und ein Fluss, der zur Wasserentnahme und auch zur Abwasserentsorgung dienen konnte.
2. Der Ort musste an einer Eisenbahnlinie und an gut ausgebauten Fernstraßen liegen. Nur so konnte man den erzeugten Dünger einfach und billig in alle Teile Deutschlands abtransportieren.
3. Es sollte genügend Bauland vorhanden sein, auf dem sich das Werk in den nächsten Jahrzehnten weiter ausdehnen konnte.

Das Dorf Leuna, nur wenige Kilometer entfernt von Halle und Leipzig gelegen, hatte diese Voraussetzungen. Außerdem konnte man hier in Braunkohlen-Kraftwerken billigen elektrischen Strom erzeugen.

1916 wurden die Leuna-Chemiewerke in Betrieb genommen. Sie waren damals die größte Chemiefabrik Europas. Neue Entdeckungen ermöglichten es, aus Kohle bald auch Farbstoffe, Reinigungsmittel, Sprengstoff und später sogar Benzin, Schmiermittel und Schädlingsbekämpfungsmittel zu produzieren.

M1: Leuna

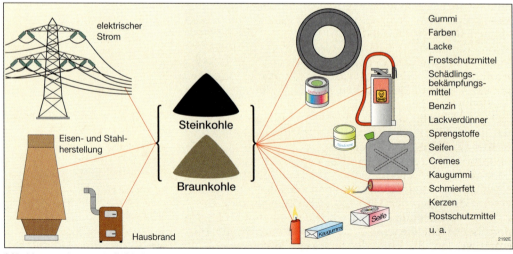

M2: Verwendungsmöglichkeiten von Kohle

Zunächst wird das Erdöl auf ungefähr 400 °C erhitzt. Dadurch wird es gasförmig. Man leitet das Gas nun in einen etwa 50 m hohen Turm, in dem es aufsteigt und dann langsam abkühlt. Dabei werden die einzelnen Bestandteile des Erdöls zum größten Teil wieder zu Flüssigkeiten. Sie setzen sich nacheinander ab, zunächst das Heizöl, dann der Diesel und schließlich das Benzin und das Rohbenzin. Im Erdöl sind immer alle diese Bestandteile enthalten. Man kann also niemals aus Erdöl nur Benzin oder nur Diesel herstellen.

Leuna – von der Kohle zum Erdöl

Bis in die fünfziger Jahre blieb die Kohle der wichtigste Rohstoff für die Produktion der chemischen Werke Leuna. Dann wurde sie zunehmend durch Erdöl ersetzt. Aus Erdöl lassen sich noch mehr chemische Erzeugnisse herstellen als aus Kohle. Auch sind nicht so große Fabrikanlagen erforderlich, was wiederum die Produktion verbilligt. Schon bald war der Bedarf an Erdöl so groß, dass der Antransport mit der Bahn zu kostspielig wurde. Deswegen schloss man 1967 Leuna an eine Erdölpipeline an.

Heute sind fast alle Anlagen der Kohlechemie stillgelegt. Sie arbeiteten nicht nur zu teuer, sondern verschmutzten durch Rauch und Abwässer stark die Umwelt. So ist Kohle als Rohstoff für die chemische Industrie heute unwichtig. Die verbliebenen Beschäftigten der Leuna-Werke arbeiten fast ausschließlich in der Erdölchemie, der sogenannten **Petrolchemie**. Eine besondere Bedeutung kommt deswegen der 1997 fertiggestellten Erdölraffinerie zu. Dort werden aus Erdöl Treibstoffe und andere Erzeugnisse hergestellt, die dann in der Petrolchemie weiterverarbeitet werden. Bis Ende der neunziger Jahre wird Leuna zur größten Erdölraffinerie Europas ausgebaut.

M3: In der Raffinerie – vom Erdöl zum Benzin

1. Begründe, warum in Leuna ein Chemiewerk gebaut wurde.

2. Nenne fünf weitere Chemie-Standorte in der Nähe von Kohlenvorkommen *(Atlas)*.

3. Was geschieht in einer Raffinerie? Erkläre anhand des Schaubildes *(M 3)*.

4. Aus welchem Land erhält Leuna Erdöl? Nenne Orte an der Pipeline *(Atlas)*.

Industrieraum im Wandel das Ruhrgebiet

Steinkohlenabbau – vom Hauen zum Hobeln

Herr Wenning ist seit 30 Jahren Bergmann. Jeden Morgen, gegen 6.00 Uhr, besteigt er mit den anderen Kumpels den Förderkorb und fährt mit ihm wie in einem Fahrstuhl den Schacht hinab. Auf dem Weg nach unten wird es immer wärmer.

In etwa 1000 Meter Tiefe verlässt er den Korb. Eigentlich müsste die Temperatur hier unten etwa 40 °C betragen. Doch frische Luft, die über eigene Wetterschächte unter Tage eingesaugt wird, bewirkt eine Abkühlung auf rund 25–28 °C. Personenzüge befördern die Bergleute über ein weit verzweigtes Schienennetz bis in die Nähe des **Strebes**. Er ist der Teil des Bergwerkes, in dem die **Steinkohle** abgebaut wird.

Die Berufsbezeichnung von Herrn Wenning ist Hauer. Doch die Zeiten des Kohlehauens vor Ort bei Staub und großer Hitze, in gebückter und oft liegender Haltung, mit Spitzhacke und laut lärmendem Abbauhammer sind lange vorbei.

Heute ist die Arbeit unter Tage durch Schildausbau *(M2)* und Staubbekämpfung (Einsatz von Sprühanlagen) sicherer und sauberer geworden. Die Maschine hat die Handarbeit weitgehend ersetzt. Ein Hobel bricht die Kohle aus dem Streb, Förderbänder transportieren sie ab und in Großgefäßen wird sie im Zentralschacht nach über Tage befördert.

Doch die Arbeit von Herrn Wenning ist nicht einfacher geworden. Er musste lernen, die großen Maschinen unter Tage zu bedienen, denn ein stählerner Riese baut bis zu 4000 Tonnen Steinkohle pro Tag ab. Ein Problem bereiten die vollmechanisierten Abbauverfahren jedoch: Sie machen heute viele Menschen überflüssig, die früher noch unter Tage Arbeit fanden.

M1: Das Ruhrgebiet

M2: Herr Wenning am Kohlenhobel, unter dem Schildausbau

1. Beschreibe, wie der Bergmann zu seiner Arbeitsstätte vor Ort gelangt *(M3)*.

2. Wie haben die Maschinen die Arbeit des Bergmanns Wenning verändert?

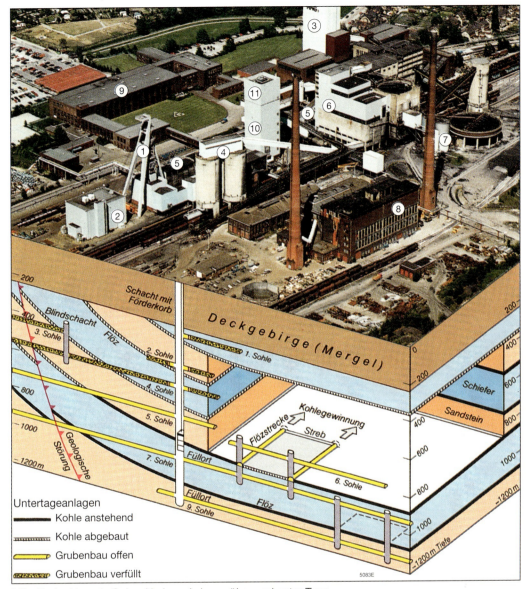

M3: Zeche Hugo in Gelsenkirchen; Anlagen über und unter Tage

Die Bergleute ziehen sich in der Kaue (Nr. 9) um und gehen zum Schacht, über dem das Schachtgerüst (Nr. 10) steht. Der Förderkorb wird von der Fördermaschine (Nr. 11) bewegt. Mit dem Förderkorb werden auch Material und Maschinen transportiert.
Die Kohle wird im Streb gewonnen und über Bandanlagen oder einen Zug mit Kohlenwagen zu zwei weiteren Schächten transportiert. Am Förderturm (Nr. 1) kommt sie in einem großen Behälter vollautomatisch zur Tagesoberfläche. Dieser Behälter wird von der Fördermaschine (Nr. 2) bewegt. An einem anderen Schacht (Nr. 3) werden die Kohlenwagen ebenfalls automatisch nach über Tage transportiert.
Über Bandanlagen (Nr. 5) gelangt die Kohle in die Kohlenwäsche (Nr. 6), wo mit Wasser das Gestein (schwer) von der Kohle (leicht) abgetrennt wird. Die gereinigte Kohle wird bis zu ihrem Weitertransport, z. B. in ein Kraftwerk, im Kohlenbunker (Nr. 4) gelagert.
Das zur Zeche gehörende Kraftwerk (Nr. 8) wird mit Grubengas betrieben. Nach der Kohlenwäsche enthält das Waschwasser viel Feinkohle-Gesteinsanteil. Im Eindicker (Nr. 7) wird dieser Anteil eingedickt und das gereinigte Wasser wieder verwendet.

1. Beschreibe den Weg vom Eisenerz zum Stahlblech *(M1)*.

2. Nenne Gründe für die Kohle- und die Stahlkrise.

3. Beschreibe die Entwicklung der Beschäftigten- und Arbeitslosenzahlen *(M2)*. Erkläre sie!

4. Man sagt: Der Bergbau wandert nach Norden. Begründe *(M3)*!

Ohne Kohle kein Eisen

Die Ruhrkohle diente früher als Rohstoff für unterschiedliche Produkte: So wurde sie zum Beispiel als Briketts für den Hausbrand oder als Rohstoff für die chemische Industrie zur Produktion von Farben, Arzneien und Düngemitteln eingesetzt. Heute wird der größte Teil in Kraftwerken in Strom und Wärme umgewandelt. Ein weiterer Teil der Kohle wird zu Koks verarbeitet. Dazu wird die Kohle in Koksöfen stark erhitzt (über 1200 °C). Sie verliert dadurch ihren Wasser- und Gasanteil.

Den Koks braucht man zur **Verhüttung**, so bezeichnet man die Gewinnung von Metallen aus Erzen. Dabei wird zum Beispiel Eisenerz mit Kalk in riesigen Hochöfen bei starker Hitze geschmolzen und das flüssige Eisen (Roheisen) in Spezialbehältern aufgefangen.

Im Stahlwerk wird das Roheisen zu Stahl weiterverarbeitet. Mithilfe von Sauerstoff wird der Kohlenstoff aus dem Eisen herausgebrannt. Andere Stoffe werden zugesetzt, je nachdem, ob der Stahl für seine spätere Verwendung besonders hart, zäh oder weich, besonders fest oder biegsam, besonders hitze- oder rostbeständig sein muss. Doch bevor er verarbeitet werden kann, muss der Stahl im Walzwerk zu einer bestimmten Form gewalzt werden, zum Beispiel zu Blechen, Stäben oder Rohren.

Viele Arbeitsvorgänge in der **Montanindustrie**, das sind Bergbau, Eisen- und Stahlindustrie, sind räumlich eng aufeinander bezogen: Die Kokereien liegen in der Nähe der Zechen, Hochöfen und Stahlwerke. Dazu können sich Auto- und Maschinenfabriken sowie chemische Betriebe gesellen. Diese und viele andere Produktionsbetriebe haben das Ruhrgebiet zum größten Industriegebiet in Europa gemacht.

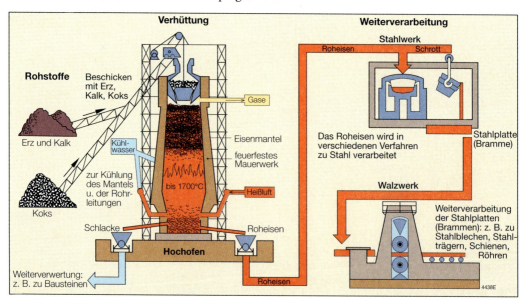

M1: Vom Erz zum Stahl

Ruhrgebiet – von Krisen geschüttelt

Das Gebiet zwischen Ruhr und Lippe bestand ehemals aus Ackerfluren und kleinen Dörfern. Das änderte sich, als man zu Beginn des letzten Jahrhunderts begann Kohle aus größeren Tiefen zu fördern und Eisenerz zu verhütten. Die Nachfrage nach Eisen und Stahl war damals groß: zum Beispiel für den Bau von Eisenbahnlinien, Loks und Waggons, für Brücken, Häuser und Maschinen. Um all die Arbeit bewältigen zu können wurden immer mehr Arbeitskräfte angeworben, immer mehr Fabriken gebaut, neue Straßen- und Bahnanlagen sowie neue Siedlungen errichtet. Die Städte des Ruhrgebietes wuchsen zu einer ‚Riesenstadt auf der Kohle' zusammen.

Die wirtschaftliche Aufwärtsentwicklung endete etwa ab 1955. Die heimische Kohle wurde immer weniger gebraucht. Das billigere Erdöl trat vielfach an ihre Stelle und der Verbrauch von Kohle bei der Verhüttung ging ständig zurück. In dieser **Kohlekrise** wurden zahlreiche Zechen geschlossen und Zehntausende von Bergleuten verloren ihre Arbeit. Nur zum geringen Teil gelang es, die Bergleute in anderen Zechen zu beschäftigen. Die weit überwiegende Mehrheit hat über Umschulung oder in anderen Regionen einen neuen Arbeitsplatz gefunden.

Verschlimmert hat sich die Situation durch die Stahlkrise Mitte der siebziger und erneut zu Beginn der neunziger Jahre: Der Ersatz von Stahl durch Kunststoff und Aluminium und die Einfuhr von billigem Stahl aus dem Ausland führte zu einer ständig sinkenden Nachfrage.

Insgesamt verloren dadurch Hunderttausende von Menschen ihre Arbeit, viele von ihnen für immer. Seit vielen Jahren unternimmt man im Ruhrgebiet große Anstrengungen, neue Betriebe und neue Industrien anzusiedeln.

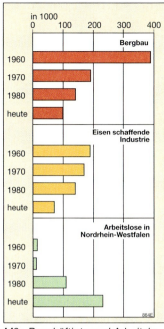

M2: Beschäftigte und Arbeitslose im Ruhrgebiet (in 1000)

M3: Zechen- und Hüttensterben im Ruhrgebiet

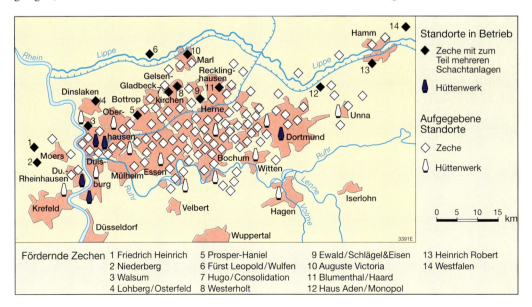

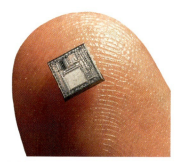

M1: Größe eines Chips

1. Nenne Gründe dafür, dass das Ruhrgebiet bei seinem Wandel schon ein gutes Stück weitergekommen ist.

2. Beschreibe die Bedeutung, die die Technologieparks für die Entwicklung des Ruhrgebiets haben.

3. Beschreibe den Wandel, der sich seit 1958 vollzogen hat am Beispiel Bochums *(M2)*.

Das Ruhrgebiet – auf dem Weg nach oben?

Angesichts der Kohle- und Stahlkrisen fördert man seit Jahrzehnten die Ansiedlung von Betrieben, die nicht zur Montanindustrie gehören. Seit 1970 wurden zum Beispiel im Bereich der Mikroelektronik 280 000 neue Arbeitsplätze geschaffen. Die Hightech-Branche bietet mittlerweile weit mehr Arbeitsplätze an als der Bergbau.

Vielfach konnten auf altem Industrie- und Zechengelände neue Industriebetriebe, Einkaufsparks und stadtnahe Freizeit- und Erholungsanlagen, aber auch Wohn- und Gewerbegebiete errichtet werden. Den bisher größten Erfolg bei der Ansiedlung neuer Industriezweige im Ruhrgebiet stellt das 1962 gegründete Opel-Werk in Bochum dar *(s.S. 102/103)*. Es hat mehr als 17 800 Beschäftigte.

Bedeutsam für die zukünftige Entwicklung des Ruhrgebiets sind auch die zahlreichen **Technologieparks**. Hier sollen Forschungsergebnisse aus Universitäten und Forschungsinstituten für die Herstellung neuer Produkte angewendet werden. So zum Beispiel der Technologiepark Dortmund. In ihm wird der Mikrochip für die gesamte Elektronik in Pkws der Bayrischen Motorenwerke (BMW) entwickelt und produziert. Aber auch Ultraschall-Messgeräte für die Messung kleinster Strecken oder Kleinstkameras für die Beobachtung von Operationen im Magen und Darm werden hier entwickelt und hergestellt.

Durch diesen Wandel konnten neue Arbeitsplätze geschaffen werden. Auch die Lebensbedingungen wurden verbessert: So gibt es heute nirgendwo in Deutschland so viele Schulen und Universitäten, Museen und Theater, Sport- und Freizeitanlagen.

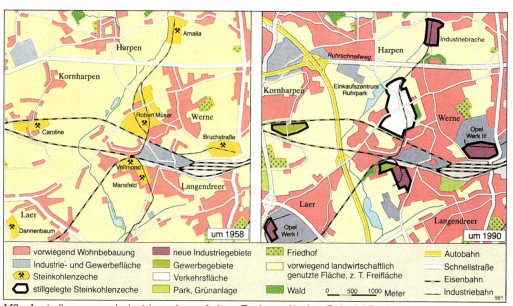

M2: Ansiedlung neuer Industriezweige auf altem Zechengelände – Beispiel Bochum

Methode: **Von einem Zentrum der Montanindustrie zu einem Dienstleistungsschwerpunkt**

Wir werten einen Text aus

„Der Strukturwandel nach dem Krieg hat die Gewichte im Bezirk der Industrie- und Handelskammer Essen völlig verschoben. Waren früher Kohle und Stahl die Standbeine, so ist der Kammerbezirk heute ein Tausendfüßler.

Die Stahlerzeugung kam in Essen nach dem Kriege nicht mehr auf die Beine, in Oberhausen erlosch 1979 der letzte Hochofen, Mülheim hatte sich schon früher von Eisen und Stahl verabschiedet. Der Bergbau verlor in gut 30 Jahren mehr als 78 000 Arbeitsplätze.

Heute ist die Größe der Betriebe im Kammerbezirk weit ausgeglichener. Kleine und mittlere Firmen gewinnen immer mehr an Gewicht, obgleich etwa zwei Drittel der Beschäftigten in der Industrie noch in Großbetrieben tätig sind. Von den 500 größten westdeutschen Unternehmen sind allein 22 im Kammerbezirk zu Hause.

Der größte Arbeitgeber ist heute der Dienstleistungssektor: Von ungefähr 416 000 Beschäftigten sind noch 133 000 in Industrie und Handwerk tätig, 110 000 in Handel, Verkehr, Banken und Versicherungen und 173 000 in anderen Dienstleistungsbereichen. Dennoch kommen wir ohne Industrie künftig nicht aus. Wir müssen daher bestehende Industriebetriebe pflegen und neue ansiedeln.

Einer der Schwerpunkte in der Region Essen ist die Energie. Große Energiekonzerne sind hier zu Hause, so RWE, Ruhrkohle, Ruhrgas, Steag, Deminex. Aber auch die Umwelttechnologien sind stark vertreten. Und der Handel ist mit den großen Unternehmen Karstadt (Essen), Tengelmann, Aldi, Stinnes und Haniel (Mülheim) hier ansässig."
(Aus einem Interview mit einem Vertreter der Industrie- und Handelskammer Essen, WAZ vom 25.10.1990)

Die Drei-Schritt-Methode

1. Lies den gesamten Text aufmerksam durch. Unterstreiche und markiere wichtige und dir unbekannte Worte. Wenn du eine Frage zu einzelnen Worten oder ganzen Sätzen hast, wende dich an die Lehrerin/den Lehrer oder verwende ein Lexikon. Es ist hilfreich, die Zeilen zu nummerieren.

2. Was will der Text aussagen? Für die Beantwortung dieser Frage gliedere ihn in Sinnabschnitte und schreib für jeden Abschnitt eine Überschrift heraus. Dabei können die ‚wichtigen' Worte aus dem ersten Schritt eine große Hilfe sein.

3. Berichte mit möglichst wenig Worten, was in dem Text an Wichtigem steht.

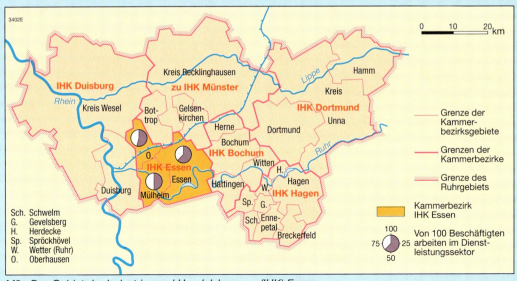

M3: Das Gebiet der Industrie- und Handelskammer (IHK) Essen

Methode: Wir lesen thematische Karten

Braunkohle und Industrie in Mitteldeutschland

M1 ist eine thematische Karte. Sie behandelt ein bestimmtes Thema für einen bestimmten Raum. Thema und Raum werden in der Unterschrift der Karte genannt. Im Atlas findest du viele thematische Karten zu Themen wie Klima, Wirtschaft, Bevölkerungsdichte. Das Thema ist durch Zeichen (Signaturen) und Flächenfarben dargestellt. In der Legende kannst du nachsehen, was sie bedeuten.

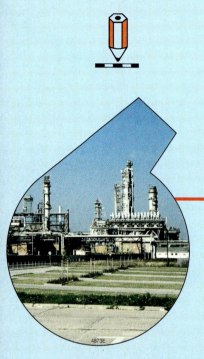

M1: Bodenschätze, Energie und Industrie im Mitteldeutschen Industrieraum

Wir lesen die thematische Karte *M1*:

1. Schritt: Kartenthema

Notiere das Kartenthema. Es ist in der Abbildungsunterschrift genannt. Es lautet: „Bodenschätze, Energie und Industrie im Mitteldeutschen Industrieraum".

2. Schritt: Lage des dargestellten Gebiets

In welchem Bundesland liegt das Gebiet? Schlage im Atlas nach. Benutze das Register. (Zur Erinnerung: Suche z.B. Leipzig im Register. Dort steht, auf welcher Seite im Atlas du Leipzig findest: Leipzig 36/37, H 5 – also Karte S. 36/37, Planquadrat H 5). Der Mitteldeutsche Industrieraum liegt in den Bundesländern Sachsen und Sachsen-Anhalt.

```
Leipheim 12/13, F 5        Lilongwe 86/87, D 3
Leipzig 36/37, H 5         Lima 126/127, B 4
Leipziger Tieflandsbucht   Limassol (Lemesos) 62/63,
  36/37, H 5                 F 5
```

3. Schritt: Größe des dargestellten Gebiets

Wie groß ist das dargestellte Gebiet? Verwende die Maßstabsleiste und miss nach. Das in *M1* dargestellte Gebiet reicht 50 km von Osten nach Westen und 46,5 km von Norden nach Süden.

4. Schritt: Legende

Stelle mithilfe der Legende fest, was die eingetragenen Signaturen bedeuten. *M1* enthält 14 Industrie-Signaturen (Einzelzeichen). Deshalb suche zwei Signaturen heraus, die in der Karte besonders häufig vorkommen:
Es sind die Zeichen für Chemie und Braunkohle.

5. Schritt: Beschreibung des Karteninhalts

Zähle diese Signaturen. Beschreibe, wo sie in der Karte zu finden sind. Sind sie eher gleichmäßig über die Karte verstreut oder an einigen Punkten konzentriert?
In *M1* gibt es vor allem südlich von Leipzig Braunkohle, vereinzelt auch nördlich von Leipzig sowie südlich und östlich von Merseburg. Chemie ist vor allem zwischen Halle und Bad Dürrenberg zu finden, aber auch südlich von Leipzig.

6. Schritt: Erklärung der Zusammenhänge

Erkläre die Zusammenhänge zwischen den Aussagen, die du bei der Beschreibung gemacht hast.
In *M1* gibt es südlich von Leipzig Braunkohle. Dort ist ebenfalls die chemische Industrie zu finden, weil sie ursprünglich den Rohstoff Kohle verwendet hat. Chemie hat sich aber vor allem in den dicht besiedelten Gebieten entlang der Saale bei Halle, Merseburg und Bad Dürrenberg angesiedelt. Dort gibt es auch viele Verkehrswege.

1. Gehe die Arbeitsschritte vier bis sechs für weitere Signaturen durch:
a) Elektrotechnik, b) Wärmekraftwerke, c) Maschinenbau.
Notiere deine Antworten.

2. Außer den Signaturen enthält die Karte auch Flächenfarben.
a) Wie viele Flächenfarben sind in *M1* eingetragen, was bedeuten sie?
b) Wo befinden sich Tagebaue und wo vorgesehene Abbauflächen?

Umweltschutz in Bitterfeld-Wolfen

In der Chemieregion Bitterfeld-Wolfen

Ein „Umweltnotstandsgebiet" verändert sich

Der Raum Bitterfeld-Wolfen gehört zu den ältesten Chemiestandorten Deutschlands. In der Industrieschneise von Bitterfeld nach Wolfen säumen unzählige Rohrleitungen die Straße, verschlissene Chemieanlagen umschließen Wohnsiedlungen. Oft trifft man auf Schilder mit der Aufschrift „Lebensgefahr" und „Betreten verboten!". Doch auch hochmoderne Anlagen sind zu sehen.

M1: Am Ortseingang 1990

M2: Blick auf den Silbersee bei Bitterfeld

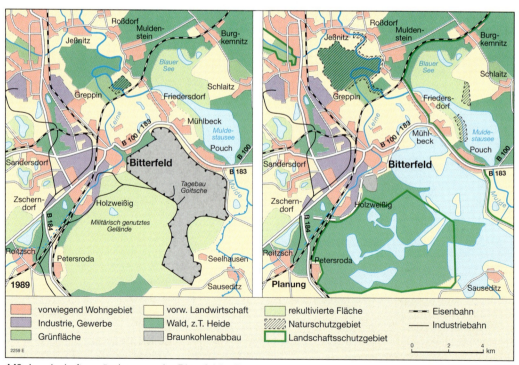

M3: Landschaftsveränderungen im Bitterfelder Raum

Chemie und Kohle boten einst den Menschen hier Arbeit und Brot. Es wurde bereits viel getan damit dieser Industrieraum lebensfähig bleibt.

Vom Bergbaurevier zum Erholungsraum
Mit dem Fahrrad verlassen wir Bitterfeld auf der Bundesstraße 100 in Richtung Mühlbeck. Rechts der Straße liegen die ausgedehnten Gruben des Tagebaus Goitzsche. Kippen und mit Grundwasser gefüllte Restlöcher prägen die aufgewühlte Landschaft.

In Pouch halten wir am Böschungsrand. Der Tagebauleiter erwartet uns schon. Wir blicken in die 50 Meter tiefe Grube, doch Kohle können wir nicht entdecken. Wir erfahren, dass der Abbau der Kohle über Tage hier eine lange Tradition hat. Die Flöze im Bitterfelder Raum entstanden vor vielen Millionen Jahren. Wegen ihrer günstigen Lagerung dicht an der Oberfläche konnte sie preiswert abgebaut und in den Kraftwerken für die Stromerzeugung genutzt werden. Hier in der Goitzsche wird zwar keine Kohle mehr gefördert, aber im mitteldeutschen Industrieraum wird sie auch in Zukunft ein wichtiger Energieträger bleiben.

Der Tagebauleiter erklärt uns, dass in diesem Tagebau rund 60 Millionen Tonnen Braunkohle lagerten. Um sie fördern zu können mussten ganze Dörfer der Kohle weichen. Auch die Mulde, die hier früher ihren Lauf hatte, wurde umgeleitet. Sie erhielt im ehemaligen Tagebau Muldenstein ein neues Bett und bildet heute den Muldenstausee. Mit einer Fläche von etwas sechs Quadratkilometern ist er ein beliebtes Ausflugsziel.

Erstaunt hören wir, dass aus der Grube Goitzsche eine Seenlandschaft mit einer noch größeren Wasserfläche entstehen soll. In 10 bis 15 Jahren wird diese Gegend ein schönes Antlitz haben und vielleicht Anziehungspunkt für Wassersportler und Touristen sein.

M4: Gewässerbelastung im Raum Bitterfeld-Wolfen

M5: Zerstörte Landschaft durch den Bergbau

1. Welche Schwierigkeiten und Probleme zeigen sich beim Wandel der Region? Nenne Auswirkungen auf die Bevölkerung!

2. Beschreibe wie sich die Landschaft im Bitterfelder Raum verändern wird. Benutze dazu *M3* und den *Atlas*.

3. Überlege, welche Arbeiten vor Beginn der Kohleförderung notwendig sind.

4. Beschreibe den Abbau der Braunkohle. Erkläre: Der Tagebau wandert.

5. Welche Bedeutung hat der Muldenstausee für die Bevölkerung in der Region?

Menschen und Roboter – ein Auto entsteht

Presswerk: Formung der Karosserieteile

Karosseriewerk: Zusammenschweißen der Teile zum „Rohbau" des Autos *(siehe M3)*

Lackiererei: Vollautomatisches Spritzen der Karosserie in der vom Kunden bestellten Farbe.

Montagehalle: Fertig- und Endmontage des Autos, z.B. Einbau der Türen, des Motorblocks und der Achsen, der Elektrik und der Instrumente, der Sitze, usw.

Eine Autofabrik mitten im Ruhrgebiet

Als Sieger eines Preisausschreibens reist die Klasse 5a eines Lübecker Gymnasiums zur Besichtigung eines der drei Opel-Werke nach Bochum. In einem Ausstellungsraum berichtet Herr Landgrebe vom Besucherdienst über die Entwicklung des Werkes.

„Als gegen Ende der fünfziger Jahre immer mehr Autos gekauft wurden, entschloss sich Opel zum Bau neuer Autofabriken. In Bochum fanden wir Standortvorteile. Ihr seid hier auf dem Gelände stillgelegter Steinkohlenbergwerke. Diese Flächen boten viel Platz für die Werkshallen, in denen damals unser neues Modell Kadett gebaut werden sollte. Außerdem gab es im Ruhrgebiet zahlreiche Arbeitskräfte, die arbeitslos geworden waren, als die Zechen schlossen. Bei Opel fand so mancher ehemalige Bergmann wieder Arbeit. Und schließlich gibt es von hier aus gute Verkehrsverbindungen in alle Richtungen. Wie sollten wir ohne ein gutes Straßen- oder Schienennetz unsere Autos zu den Kunden transportieren und wie sollten Materialien und Teile zu uns geliefert werden? Opel arbeitet mit mehr als 1000 Firmen zusammen. Diese sind für uns sogenannte Zulieferbetriebe. Ihre Standorte liegen sowohl in Bochum und im Ruhrgebiet als auch in anderen Teilen Deutschlands und in anderen europäischen Ländern. Etwa 240 Lastzüge und 115 Eisenbahnwaggons liefern täglich Materialien oder Zubehör ins Werk. Ein Auto besteht immerhin aus über 20 000 Teilen!"

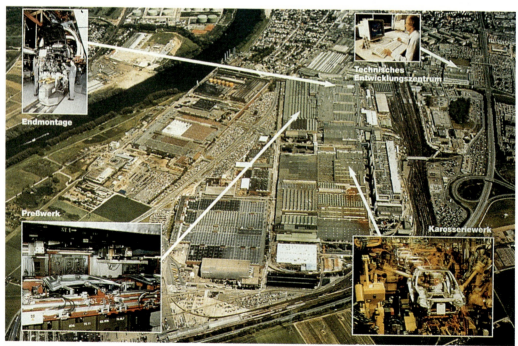

M1: Das Opelwerk I in Bochum hat über 11 000 Beschäftigte

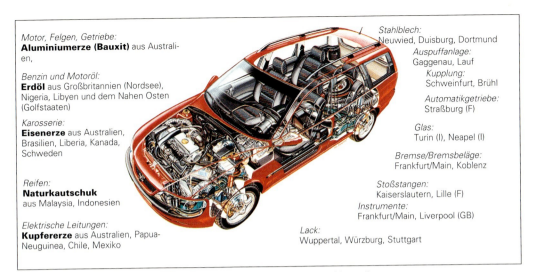

Motor, Felgen, Getriebe:
Aluminiumerze (Bauxit) aus Australien,

Benzin und Motoröl:
Erdöl aus Großbritannien (Nordsee), Nigeria, Libyen und dem Nahen Osten (Golfstaaten)

Karosserie:
Eisenerze aus Australien, Brasilien, Liberia, Kanada, Schweden

Reifen:
Naturkautschuk aus Malaysia, Indonesien

Elektrische Leitungen:
Kupfererze aus Australien, Papua-Neuguinea, Chile, Mexiko

Stahlblech:
Neuwied, Duisburg, Dortmund

Auspuffanlage:
Gaggenau, Lauf

Kupplung:
Schweinfurt, Brühl

Automatikgetriebe:
Straßburg (F)

Glas:
Turin (I), Neapel (I)

Bremse/Bremsbeläge:
Frankfurt/Main, Koblenz

Stoßstangen:
Kaiserslautern, Lille (F)

Instrumente:
Frankfurt/Main, Liverpool (GB)

Lack:
Wuppertal, Würzburg, Stuttgart

M2: Rohstoffe und Standorte wichtiger Zulieferbetriebe für die Pkw-Herstellung

Die Schülerinnen und Schüler staunen bei der Werksführung. Da stehen mächtige Pressen, die aus Blechen Karosserieteile formen. Industrieroboter schweißen, drehen oder fräsen. Sie übernehmen die früher schweren körperlichen Arbeiten, ersetzen dadurch aber auch viele Arbeitsplätze.

„Übrigens, jetzt werden unsere Autos umweltfreundlicher als früher", beendet Herr Landgrebe seine Führung. „Wir bauen mit dem ‚Astra' zum ersten Mal ein Auto, das wir am Ende seiner Lebenszeit zurücknehmen. Alle seine Teile werden aus Materialien hergestellt, die auseinander gebaut, verarbeitet und für andere Zwecke wieder verwendet werden können."

1. Beschreibe, welche Arbeiten in welchen Gebäudeteilen des Opelwerkes verrichtet werden (M1).

2. Nenne die Vorteile, die
a) die Firma Opel,
b) die Menschen im Ruhrgebiet
durch den Bau der neuen Autofabrik hatten.

3. Auf dem Hof des Opelwerks stehen Lkws mit folgenden Länderkennzeichen: H, PL, F, E, NL, S, B, GB. Aus welchen Staaten kommen sie?

M3: Werkstatt bei Opel mit computergesteuerten Industrierobotern

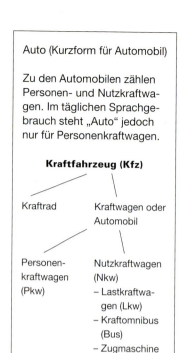

Auto (Kurzform für Automobil)

Zu den Automobilen zählen Personen- und Nutzkraftwagen. Im täglichen Sprachgebrauch steht „Auto" jedoch nur für Personenkraftwagen.

Kraftfahrzeug (Kfz)

- Kraftrad
- Kraftwagen oder Automobil
  - Personenkraftwagen (Pkw)
  - Nutzkraftwagen (Nkw)
    - Lastkraftwagen (Lkw)
    - Kraftomnibus (Bus)
    - Zugmaschine

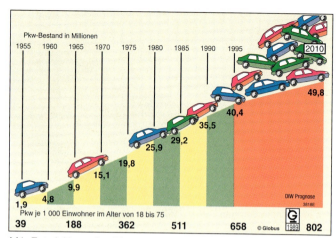

M1: Entwicklung des Pkw-Bestandes in Deutschland

Autos nützen und schaden

Oft wird behauptet, das Auto sei des Deutschen liebstes Kind. Bedenkt man, dass jeder zweite Einwohner ein Auto besitzt (1996: 40,5 Mio. Pkw bei 82 Mio. Ew.) ist zu verstehen, worauf diese Behauptung anspielt. Umfragen zufolge nimmt das Auto im Leben der Deutschen eine so wichtige Stellung ein, dass sich acht von zehn Erwachsenen ein Leben ohne Auto nicht mehr vorstellen können.

Wozu sind Autos nütze?

Der größte Teil der 52 Millionen in Deutschland zugelassenen Kraftfahrzeuge wird im Individualverkehr eingesetzt. Das heißt, diese Fahrzeuge werden von Privatpersonen genutzt. Sieben von zehn Personen fahren zum Beispiel mindestens einmal pro Jahr mit dem Auto in den Urlaub. Außerdem empfinden es viele Menschen als bequem, Wege mit dem Auto zu erledigen. Sie fahren zur Arbeit, zum Einkaufen in den Supermarkt und besuchen damit Freizeiteinrichtungen in der näheren und weiteren Umgebung.

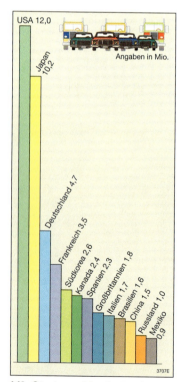

M2: Staaten mit bedeutender Autoproduktion (1995)

M3: Arbeitsplätze rund um das Auto

Die Stadtverwaltung Münster organisierte im August 1990 einen eindrucksvollen Vergleich: 60 Pkws demonstrierten auf dem Prinzipalmarkt ihren Straßen- bzw. Parkraumbedarf. Die 72 Insassen (im Berufsverkehr ist jeder Pkw durchschnittlich mit 1,2 Personen besetzt) würden in einem einzigen Bus der Stadtwerke Platz finden.

M4: Flächenbedarf von Pkw und Bus

Wirtschaftsunternehmen unterhalten in der Regel einen ganzen Fahrzeugpark, der zur Erledigung geschäftlicher Aufgaben eingesetzt wird. Daneben gibt es in allen Teilen Deutschlands Kraftfahrbetriebe, deren Fahrzeuge (Busse) beispielsweise im **Öffentlichen Personennahverkehr** (ÖPNV) eingesetzt werden.

Die Folgen des zunehmenden Autoverkehrs

Autos bereiten der Gesellschaft leider auch zunehmend Probleme. Trotz eingebauter Katalysatoren stoßen Kraftfahrzeuge große Mengen von umweltschädigenden Abgasen aus, verursachen Lärm und chaotische Verkehrsverhältnisse in den Städten. Jährlich sterben allein in Deutschland rund 10 000 Menschen, darunter 400 Kinder, infolge von Verkehrsunfällen.

1. „Autos machen unser Leben angenehmer und sicherer." - Bewerte diese Aussage.

2. Vergleiche den Flächenbedarf von Pkws und Bussen (M4). Überlege, warum viele Menschen das eigene Auto dem Bus vorziehen.

3. Welche Abgase werden durch die Verbrennungsmotoren der Autos produziert. Welche Folgen hat die Anreicherung dieser Abgase in der Luft (M5, M6)?

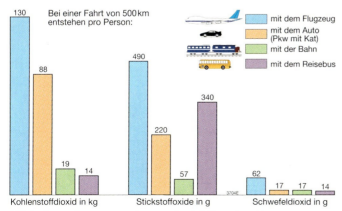

M5: Luftverschmutzung mit umweltschädigenden Abgasen

M6:

Industriegebiete in Deutschland

Bodenschätze und Industrie

Deutschland gehört zu den wichtigsten Industrieländern der Erde. Die Industriegebiete sind nicht zufällig entstanden, sondern wurden von ganz bestimmten **Standortfaktoren** geprägt. Vorkommen von Bodenschätzen, wie zum Beispiel Kohle und Eisenerz, waren die wichtigsten Standortfaktoren für die Entstehung der ersten Industriegebiete. Sie liegen im Ruhrgebiet, im Saarland und im Gebiet um Halle-Leipzig. Neben den Vorkommen von Bodenschätzen war die Verkehrslage ein wichtiger Standortfaktor. So war zum Beispiel die Entstehung der Schiffbauindustrie in Kiel, Lübeck, Rostock und Stralsund an den Hafenstandort gebunden. Heute sind andere Standortfaktoren wichtiger: gut ausgebildete Arbeitskräfte, Energiekosten, die Nähe von Absatzmärkten und auch staatliche Hilfen, wie Geldzahlungen oder Steuererleichterungen. Stuttgart gehört zu den führenden Industrieregionen Deutschlands, obwohl dort keine Bodenschätze vorkommen.

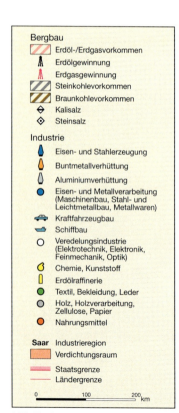

M1: Bodenschätze und Industriegebiete in Deutschland

Standortfaktoren

Als Standortfaktoren bezeichnet man die Gründe, die dafür oder dagegen sprechen, einen Betrieb an einem bestimmten Standort zu bauen. Dieselben Standortfaktoren können für verschiedene Betriebe unterschiedlich wichtig sein. Standortfaktoren sind zum Beispiel:

– Vorhandensein von Arbeitskräften;
– Ausbildungsstand der Arbeitskräfte;
– Anschluss des Geländes an Autobahnen, Bahnlinien, Wasserstraßen;
– Entfernung zu den Rohstoffen;
– Entfernung der Absatzmärkte.

In jüngster Zeit achten viele Unternehmen bei der Standortwahl darauf, sich in einer attraktiven Gegend niederzulassen. Besonderes Augenmerk schenken sie der Wohn- und Umweltqualität sowie dem Kultur- und Freizeitangebot.

1. Erläutere den Begriff „Standortfaktoren" *(M2)*.

2. Bearbeite die thematische Karte *(M1)* in sechs Schritten nach den Angaben auf den *Seiten 98/99*.

3. Stralsund, Rostock, Wismar, Lübeck, Hamburg, Bremerhaven:
a) Welcher Industriezweig ist an allen Standorten vertreten?
b) Versuche, dafür eine Begründung zu geben.

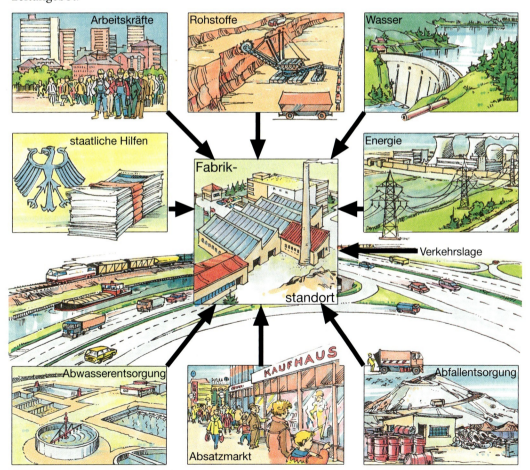

M2: Standortfaktoren der Industrie

Projekt

Wir erkunden ein Gewerbegebiet

Das Gewerbegebiet in unserer Stadt zu erkunden hat Spaß gemacht! Erdkunde einmal ganz anders, außerhalb des Klassenzimmers! Jetzt sind wir dabei, die Ergebnisse zu sammeln, zu sortieren und eine Wandzeitung anzufertigen. Wenn ihr auch einmal so etwas unternehmen wollt, könnt ihr von unserer Erfahrung profitieren:

Man sollte vorher genau überlegen, welche Betriebe man erkunden will und welche Fragen man stellen muss. Wir wollten zum Beispiel erfahren, wie Waren und Rohstoffe bei den einzelnen Firmen gelagert, mit welchen Fahrzeugen sie an- und abtransportiert werden und woher diese Fahrzeuge kommen. Die Fragen für das Interview enthielten folgende Stichpunkte: Name des Betriebes; Herstellung oder Handel/Vertrieb; verwendete Rohstoffe (nur bei Herstellung); Wohnort der Kunden; Zahl der Beschäftigten; Gründe für die Ansiedlung; Umweltschutz.

Die Ergebnisse der Beobachtung und Befragung haben wir auf unserer Wandzeitung festgehalten. Das Gewerbegebiet ist groß in der Mitte dargestellt, darüber die Überschrift: UNSER GEWERBEGEBIET. Auf dem restlichen Teil sind vier Betriebe genau beschrieben, wie auf einem Steckbrief. Dazu gehören die Ergebnisse des Interviews, einige Fotos von den Gebäuden, den Beschäftigten und den gelagerten Gütern oder hergestellten Waren. Einige zusätzliche Materialien hat uns unsere Lehrerin besorgt. Alles ist beschriftet, damit sich andere Schüler auch eine Vorstellung machen können.

Die Wandzeitung

Gestaltet die Ergebnisse so, dass sie auf der Wandzeitung interessant und lesenswert wirken, wie
eine Karte, z. B. mit
– den Firmen in unterschiedlichen Farben,
– den Wohnorten der Kunden.
Tabellen, z. B. mit
– der Anzahl der Beschäftigten der einzelnen Betriebe,
– den Herkunftsorten der Lastwagen, die in das Gewerbegebiet fahren,
– den Waren, die in den Firmen hergestellt werden (Firmenschilder!).
Fotos, z. B. von
– den Firmengeländen,
– den Menschen, die in den Betrieben arbeiten.

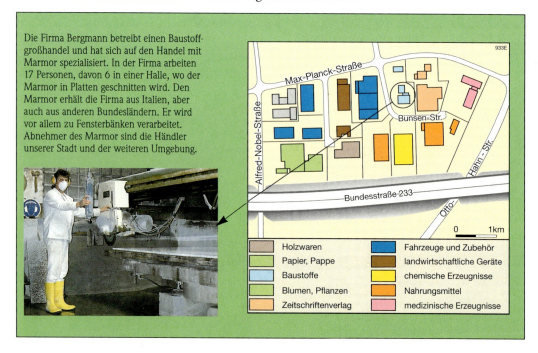

Die Firma Bergmann betreibt einen Baustoffgroßhandel und hat sich auf den Handel mit Marmor spezialisiert. In der Firma arbeiten 17 Personen, davon 6 in einer Halle, wo der Marmor in Platten geschnitten wird. Den Marmor erhält die Firma aus Italien, aber auch aus anderen Bundesländern. Er wird vor allem zu Fensterbänken verarbeitet. Abnehmer des Marmor sind die Händler unserer Stadt und der weiteren Umgebung.

Industrieräume in Deutschland

Das Wichtigste kurz gefasst

Tagebaue verändern die Landschaft
Das Rheinische Braunkohlenrevier liegt westlich von Köln. Dort wird Braunkohle in Tagebauen gewonnen. Die Tagebaue haben riesige Ausmaße. Ganze Dörfer müssen dem Braunkohlentagebau weichen. Die Menschen werden umgesiedelt. Sind die Tagebaue ausgekohlt, wird die Landschaft rekultiviert.

Die Entstehung von Kohle
Kohle ist aus Holz ehemaliger Sumpfwälder entstanden. Es bildete sich zunächst Torf, dann Braunkohle, dann Steinkohle.

Chemische Industrie
In Leuna wurde 1916 die größte Chemiefabrik Europas in Betrieb genommen. Wichtige Gründe für die Ansiedlung waren Kohlevorkommen und Wasser. In den fünfziger Jahren wurde die Kohle zunehmend durch Erdöl ersetzt. Die Anlagen der Kohlechemie sind heute weitgehend stillgelegt.

Industrieraum im Wandel – das Ruhrgebiet
Das Ruhrgebiet liegt am nordwestlichen Rand der deutschen Mittelgebirge. Im Ruhrgebiet wird Steinkohle in Bergwerken abgebaut. Die Bergwerke im Süden des Gebiets sind stillgelegt, der Kohleabbau erfolgt nur noch im Norden und Westen des Reviers. Neben dem Bergbau ist das Ruhrgebiet durch die Stahlindustrie geprägt. Der Bergbau geht zurück, neue Industrien entstehen.

Braunkohle und Industrie in Mitteldeutschland
Im Mitteldeutschen Industrieraum wird Braunkohle in Tagebauen abgebaut. Auf der Grundlage der Braunkohle hat sich die chemische Industrie entwickelt. Leuna und Schkopau (Buna) sind die bekanntesten Standorte. Weitere Industrien haben sich vor allem in Halle und Leipzig angesiedelt.

Umweltschutz in Bitterfeld-Wolfen
Chemie und Kohle boten den Menschen hier einst Arbeit und Brot. Nachdem umweltbelastende Betriebe stillgelegt worden sind, hat sich die Umweltsituation entspannt. Dafür wuchs die Arbeitslosigkeit.

Mensch und Roboter – ein Auto entsteht
Autos spielen in unserer Gesellschaft eine wichtige Rolle. Die Autoindustrie und ihre Zulieferbetriebe sind in Deutschland die bedeutendsten Arbeitgeber. Der Individualverkehr hat in den letzten Jahrzehnten sehr stark zugenommen und bereitet der Gesellschaft zunehmend Probleme.

Industriegebiete in Deutschland
Deutschland gehört zu den wichtigsten Industrieländern der Erde. Die ältesten Industriegebiete liegen im Ruhrgebiet, im Saarland und im Gebiet um Halle-Leipzig. Vorkommen von Bodenschätzen waren bis vor wenigen Jahrzehnten die wichtigsten Standortfaktoren. Verkehrslage, Absatzmärkte und das Wohnungsangebot gewannen als Standortfaktoren inzwischen zunehmend an Bedeutung.

Grundbegriffe

Braunkohle
Tagebau
Rekultivierung
Inkohlung
Rohstoff
Petrolchemie
Streb
Steinkohle
Verhüttung
Montanindustrie
Kohlekrise
Technologiepark
Öffentlicher Personennahverkehr (ÖPNV)
Standortfaktor

Skyline von Frankfurt/Main – hier gab es 1997 bereits 16 Gebäude über 100 m,

Städte als Träger von Dienstleistungen

weitere 18 sollen in den nächsten Jahren entstehen

Zentrum des Handels und Verkehrs
Frankfurt/Main

Messestadt – Verkehrsdrehscheibe

IAA – Internationale Automobil Ausstellung-Frankfurt.
Über eine Million Menschen drängen sich während der zehn Messetage in den Ausstellungshallen der Frankfurter Messe um die neuesten Automodelle. Auf den Anfahrtstraßen gibt es Staus, die Züge sind überfüllt, in den Hotels und Restaurants von Frankfurt herrscht Hochbetrieb.

Doch dies ist keine Ausnahme. Die IAA ist zwar die größte Messe in Frankfurt, aber es gibt noch über 50 andere, zum Beispiel die *Frankfurter Buchmesse* oder die *Internationale Musikmesse*. Jedes Jahr stellen über 40 000 Aussteller ihre neuesten Erzeugnisse vor um sie an Besucher aus aller Welt zu verkaufen. Wichtig sind weniger die privaten Kunden als die Besitzer von Geschäften oder Großhandlungen, die neue Waren bestellen.

Für internationale Messen ist Frankfurt ein idealer Standort, denn die Stadt ist einer der wichtigsten **Verkehrsknotenpunkte** Europas: Autobahnen aus allen Himmelsrichtungen treffen hier zusammen, täglich fahren im Frankfurter Hauptbahnhof, Europas größtem Reisezugbahnhof, über 1100 Züge ein und aus. Für den internationalen Verkehr ist aber vor allem der Flughafen von Bedeutung. Er wird jeden Tag von mehr als 200 Städten in 99 Ländern angeflogen und ist damit der größte Frachtflughafen und der zweitgrößte Passagierflughafen Europas. Auch innerhalb der Stadt ist das Verkehrsnetz gut ausgebaut: Die U-Bahnen, S-Bahnen und Buslinien des Öffentlichen Personennahverkehrs (ÖPNV) verbinden alle wichtigen Punkte der Stadt.

M1: *Frankfurt/Main*

Frankfurt – Bankfurt – Mainhattan

Die gute Erreichbarkeit ist auch ein Grund, warum in Frankfurt über 400 nationale und internationale Banken ihren Hauptsitz oder eine Zweigstelle haben. Auch die wichtigste deutsche Börse und die Deutsche Bundesbank mit rund 3000 Beschäftigten haben hier ihren Sitz.

Der Standort Frankfurt ist so begehrt, dass sich immer mehr **Dienstleistungsbetriebe** dort ansiedeln. Vor allem Banken, Versicherungen, Werbeagenturen und Reiseagenturen aber auch viele andere Dienstleistungsbetriebe sichern sich Büros und Bauplätze in der Innenstadt. Doch der Raum ist knapp geworden und dadurch teuer. Um den wenigen Platz möglichst gut auszunutzen werden seit einigen Jahren zunehmend Hochhäuser gebaut. Keine andere deutsche Stadt hat heute so viele Bürohochhäuser. Das 1996/97 gebaute Gebäude der Commerzbank ist das höchste Hochhaus Europas (300 m). Um als Standort für in- und ausländische Firmen weiterhin interessant zu bleiben baute die Stadt auch das Kulturangebot immer weiter aus: So wurde am Main das Museumsufer auf acht große Museen erweitert, darunter das Deutsche Filmmuseum.

M2: Der Messeturm, 1991 errichtet

Das Gebäude:
Höhe: 256 m*; 2 Untergeschosse, 70 Obergeschosse (Etagen) mit 18 m Eingangshalle, 4 Rolltreppen, 22 Hochgeschwindigkeitsaufzüge für Personen, 2 Lastenaufzüge, 61 600 m² Bürofläche bis zur Etage 63, bis zu 3500 Beschäftigte.
Der Wasserverbrauch entspricht dem von 340 Drei-Personen-Haushalten, der Stromverbrauch dem von 950 Einfamilienhäusern.

Verkehrsanbindung:
Eigene Straßenbahn-, Bushaltestelle, U-Bahn- und S-Bahn-station wenige hundert Meter zur Autobahn; Hauptbahnhof und Messe zu Fuß erreichbar; zum Flughafen über Autobahn oder öffentliche Verkehrsmittel; in der Tiefgarage 908 eigene Parkplätze.

Die Mieter:
Asahi Bank, Bank of Korea, Central Bank of The Republic of Turkey, Cho Hung Bank, Commercial Bank of Korea, Deutsche Bundesbank (16 Etagen), Deutsche Genossenschaftsbank, Nippon Credit Bank, Singapore Investment Corporation, Kokusai Securities, Wako Securities (Sicherheitsdienste), WK Wirtschaftskontakte, EU Service GmbH u.a.

* Zum Vergleich: Der höchste Wolkenkratzer der Welt, die „Petronas-Minarette" in Kuala Lumpur (Malaysia), ist 452 m hoch.

M3: Zahl der Banken und Kreditinstitute

1853	1970	1988	1995
85	157	389	420

M4: Wichtige Arbeitsstätten und ihre Beschäftigten in Frankfurt/Main

Wirtschaftszweige	Zahl der Arbeitsstätten	Zahl der Beschäftigten
Industrie	3 400	103 500
Handel	9 300	79 300
Verkehr	2 400	78 000
Banken	1 600	53 000
Gastgewerbe	2 400	19 700
Gebäudereinigung, Wäschereien, Abfallbeseitigung	1 700	22 000
Verlage, Bildungseinrichtungen	1 400	11 600
Dienstleistungen für andere Unternehmen	6 200	60 300

Die Messe als Arbeitsplatz:
Beschäftigte auf dem Messegelände 7 500
Beschäftigte, die häufig für die Messe arbeiten 30 000

M5: Große Arbeitsstätten im Raum Frankfurt/Main

Wirtschaftszweige	Zahl der Beschäftigten 1994
Flughafen Frankfurt/M.	52 150
darunter:	
Flughafen AG	12 187
Luftverkehrsgesellschaften	24 320
Andere Betriebe	12 803
(z. B. Gaststätten, Reinigungsfirmen, Speditionen, Handel, Autovermietungen)	
Behörden	2 840
Hoechst AG, Frankfurt-Hoechst	22 713
Adam Opel AG, Rüsselsheim	26 713

M1: Flughafen Frankfurt Rhein-Main im Luftbild

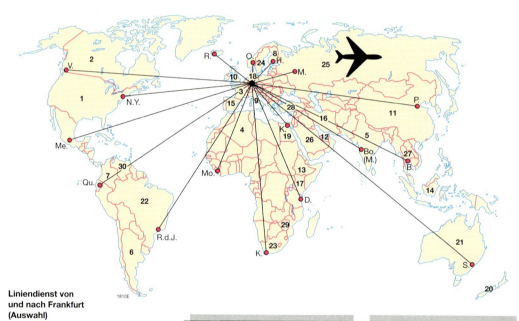

Liniendienst von und nach Frankfurt (Auswahl)

1. American Airlines
2. Air Canada
3. Air France
4. Air Algerie
5. Air India
6. Aerolineas Argentinas
7. Avianca
8. Finnair
9. Alitalia
10. British Airways
11. Air China
12. Emirates
13. Ethiopian Airlines
14. Garuda Indonesia
15. Iberia Lineas Aereas
16. Iran Air
17. Kenya Airways
18. Deutsche Lufthansa
19. Egypt Air
20. Air New Zealand
21. Qantas Airways
22. Varig Viacao Aerea
23. South African Airways
24. SAS Scandinavian Airlines
25. Aeroflot
26. Saudi Arabian Airlines
27. Thai Airways
28. Turkish Airlines
29. Air Zimbabwe
30. Viasa Venezolana Int. de Aviavion

M2: Flugziele und Luftfahrtgesellschaften (Auswahl)

Flughafen Frankfurt Rhein-Main

Kannst du dir vorstellen, dass alle 90 000 Einwohner der Stadt Flensburg an einem Tag in alle Welt verreisen? Wohl kaum! Aber Tatsache ist, dass etwa dieselbe Zahl an Menschen vom Flughafen in Frankfurt/Main an einem normalen Tag abfliegt. Die Flugzeuge steuern Ziele in Deutschland, anderen Ländern Europas und in ferneren Kontinenten an. Besonders für Geschäftsreisende im In- und Ausland ist der Flughafen Frankfurt Rhein-Main eine wichtige Drehscheibe im Luftverkehr der Erde. Er ist der bedeutendste Flughafen auf dem europäischen Festland. Aufgrund seiner zentralen Lage ist er ein Tor zur Welt geworden. Luftfahrtgesellschaften aus rund 100 Ländern fliegen ihn regelmäßig an. Seine Lage im Schnittpunkt verschiedener Autobahnen am Frankfurter Kreuz und der Eisenbahnanschluss sorgen für eine gute Erreichbarkeit.

1. Vom Flughafen Frankfurt Rhein-Main starten und landen Flugzeuge aus vielen Gebieten der Erde *(M2)*.
a) Finde die eingezeichneten Städte heraus.
b) Welche Kontinente werden angeflogen (Atlas)?

2. Aus welchen Staaten der Erde sind die in *M2* genannten Fluggesellschaften *(Atlas)*?

3. Aus welchem Land stammt das in *M4* gezeigte Flugzeug? Löse die Frage mithilfe von *M2* und dem Atlas *(Karte: Erde – Staaten)*.

4. a) Begründe die Aussage: „Frankfurt – Tor zur Welt!"
b) Welchen Rangplatz nimmt der Flughafen Frankfurt/Main im internationalen Vergleich ein *(M5)*?

Zahl der startenden Flugzeuge pro Woche:	3239
davon mit Zielen	
– in Deutschland:	683
– in Europa (ohne Deutschland):	1778
– in anderen Erdteilen:	778
Zahl der vertretenen Fluggesellschaften (Linienflüge):	110
Zahl der angeflogenen Städte in 99 Ländern:	232
davon	
– in Deutschland:	19
– in Europa (ohne Deutschland):	111
– in anderen Erdteilen:	102
täglich abfliegende Passagiere	
– an einem Durchschnittstag:	84 000
– an einem Spitzentag:	118 000

M3: Flughafen Frankfurt Rhein-Main in Zahlen

M4: Ein Qantas-Flugzeug wird beladen

Flughafen, Land	Fluggäste pro Jahr (in Mio.)
Chicago-O'Hare, USA	59,8
Dallas-Fort Worth, USA	48,2
Los Angeles, USA	45,7
Tokio-Haneda, Japan	42,1
London-Heathrow, Großbritannien	40,5
Atlanta, USA	37,9
San Francisco, USA	31,8
Denver, USA	28,3
Frankfurt Rhein-Main, Deutschland	27,8
New York-J.F. Kennedy, USA	27,4
Miami, USA	26,6
Osaka, Japan	23,4
Paris-Orly, Frankreich	23,4
New Jersey, USA	23,0
Honolulu, USA	22,2
Phoenix, USA	22,1
Paris-Ch. de Gaulle, Frankreich	21,9

M5: Flughäfen im Vergleich

Messestadt Leipzig

Die älteste Messe Deutschlands

Leipzig ist die größte Stadt in den neuen Bundesländern und das wirtschaftliche Zentrum Mitteldeutschlands. Diese Stadt kann auf eine lange Tradition in Handel und Gewerbe zurückblicken. Vor rund 1000 Jahren wurde an einem Flussübergang der damals wichtigsten Handelsstraße Europas (Königsstraße) eine Burg angelegt. Nachdem Leipzig im Jahre 1165 als erste deutsche Stadt das **Messe-Privileg** erhielt, entwickelte sich im Schutz der Burg ein Handelsplatz von europäischem Rang.

Während sich andere mitteldeutsche Städte schon früh zu Industriestädten entwickelten, konzentrierte sich Leipzig auf den Dienstleistungsbereich. Bis zum Zweiten Weltkrieg galt Leipzig als wichtigster Finanz- und Handelsplatz Deutschlands.

Auch auf dem Gebiet des Bildungswesens und der Kultur nahm Leipzig stets eine herausragende Rolle ein. Hier befindet sich eine der ältesten Universitäten Deutschlands, zu deren Studenten auch der Dichter Johann Wolfgang von Goethe zählte. In der ersten Hälfte des 20. Jahrhunderts stand Leipzig im Ruf eine „Stadt des Buches" zu sein, denn 1912 war hier die Gründung der Deutschen Bücherei erfolgt. In dieser Bibliothek wird bis heute jeweils ein Exemplar aller in deutscher Sprache erscheinenden Schriften aufbewahrt. Diese Aufgabe teilt sich Leipzig inzwischen mit Frankfurt. Außerdem hatten über 300 Verlage ihren Sitz in Leipzig und nirgends sonst gab es eine solche Dichte an Druckereien, Buchbindereien und Buchhandlungen wie hier. Die meisten dieser Firmen hatten sich im

M1: Lage Leipzigs

M2: Das Gelände der „Neuen Messe" vor den Toren Leipzigs

Graphischen Viertel, einem eigenem Stadtteil, angesiedelt. Während des Zweiten Weltkrieges wurde das Graphische Viertel fast vollständig zerstört. Diesen Verlust konnte Leipzig nie völlig verkraften. Dennoch entwickelte sich die Stadt zum wirtschaftlichen Dreh- und Angelpunkt in der **DDR**. Hier fanden zweimal jährlich **Mustermessen** statt, auf denen sich Aussteller aus allen Teilen der Erde trafen. In der damals sehr angespannten Situation zwischen den westlichen Industriestaaten und dem kommunistischen **Ostblock** spielte die Leipziger Messe eine wichtige Vermittlerrolle.

Leipzig im Wandel

Im Herbst 1989 entstand in Leipzig eine Protestbewegung, die zum Sturz der kommunistischen Diktatur in der DDR führte und die Wiedervereinigung Deutschlands einleitete. Inzwischen hat sich Leipzig in einen riesigen Bauplatz verwandelt. Überall werden alte Häuser renoviert und neue Gebäude entstehen. In keine andere ostdeutsche Stadt kamen so viele Banken, Versicherungen und sonstige Dienstleistungsbetriebe. Am Nordrand der Stadt entstand das modernste Ausstellungsgelände Europas, die „Neue Messe" *(M2)*. Auf dem 1996 eingeweihten Messegelände soll künftig auch die traditionelle Buchmesse stattfinden.

Aufgrund des starken Messeverkehrs entwickelte sich Leipzig schon früh zu einem Verkehrsknotenpunkt. Hier befindet sich einer der größten und schönsten Bahnhöfe Europas. Zudem liegt Leipzig an einem Autobahnkreuz und verfügt über einen internationalen Flughafen.

1. Beschreibe die Lage Leipzigs. Welche günstigen Standortfaktoren für die Entwicklung Leipzigs zu einem internationalen Handelsplatz kannst du daraus ableiten.

2. Warum gilt Leipzig bis heute als „Stadt des Buches".

3. Vergleiche die Städte Leipzig und Frankfurt hinsichtlich ihrer wirtschaftlichen Funktionen.

M3: Blick in den Leipziger Hauptbahnhof

Berlin – eine Hauptstadt zieht um

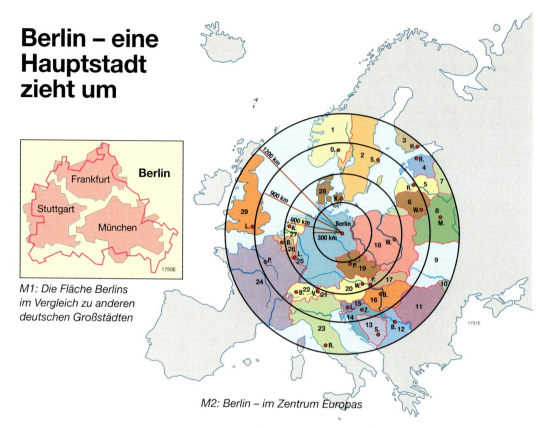

M1: Die Fläche Berlins im Vergleich zu anderen deutschen Großstädten

M2: Berlin – im Zentrum Europas

1. Welche europäischen Hauptstädte liegen
a) innerhalb des 600 km-Rings,
b) innerhalb des 900-km Rings um Berlin *(M2; Atlas, Karte: Europa – Staaten)*?

2. Welche europäischen Staaten liegen im Umkreis
a) von 600 km,
b) von 1200 km um Berlin *(M2; Atlas, Karte: Europa – Staaten)*?

3. Finde heraus: Wie viele Staaten Europas liegen im Umkreis von 900 km um Berlin *(M2)*?

Die politische Bedeutung Berlins

Berlin hat 3 500 000 Einwohner und eine Stadtfläche, die ausreicht um fast das ganze Ruhrgebiet zu bedecken. Das war jedoch nicht immer so. Erinnern wir uns: Bis November 1989 war Berlin durch eine Mauer in einen West- und Ostteil getrennt. Erst seit 1991 ist Berlin auch wieder die **Hauptstadt** Deutschlands. Es ist eine **Weltstadt**, eine internationale Metropole und es liegt in der Mitte Europas. Wie die Weltstädte Paris oder London ist auch Berlin ein Mittelpunkt von Kunst, Kultur, Wirtschaft und Politik. Bedeutende Geschäfte, Banken, Versicherungen, Industrieunternehmen und die Regierung sind hier ansässig. Wie ein Magnet zieht Berlin Menschen aus allen Himmelsrichtungen an.

Verkehrsdrehscheibe Berlin

Durch seine zentrale Lage mitten in Europa ist Berlin ein internationaler Verkehrsknoten. Zu Lande, zu Wasser und über Luftwege ist die Hauptstadt vielfältig zu erreichen:
● Vom Berliner Autobahnring führen Autobahnen in alle Himmelsrichtungen.

M4: Verkehrsknotenpunkt Berlin

M3: Welt- und Hauptstadt Berlin

● Die Bahnverbindungen von Paris über Warschau nach Moskau und von Nordeuropa nach Südeuropa führen durch Berlin. Geplant sind neue Intercity (IC)-, Eurocity (EC)- und Eurocity-Express (ICE)-Strecken. Alte Strecken werden ausgebaut.
● Seit der Wiedervereinigung ist Berlin mit seinen Flughäfen Tegel, Schönefeld und Tempelhof auch wieder ein wichtiges Luftverkehrskreuz in Europa. Schönefeld soll zu einem internationalen Großflughafen ausgebaut werden.
● Berlin ist aber auch eine bedeutende Hafenstadt mit mehreren Binnenhäfen. Kanäle verbinden die Binnenhäfen Berlins mit den Seehäfen an den Meeresküsten. So verbindet der Elbe-Havel-Kanal Berlin über die Elbe mit dem Welthafen Hamburg und der Nordsee. Der Oder-Havel-Kanal und Oder-Spree-Kanal verbinden Berlin über die Oder auch mit der Ostsee.

4. Bestimme die in M4 eingezeichneten Städte, die an den Straßen- und Eisenbahnlinien nach Berlin liegen *(Atlas, Karte: Deutschland – physisch)*.

5. Welche Kanäle und Flüsse verbinden Berlin mit der Nord- und der Ostsee *(Atlas, Karte: Deutschland – physisch)*?

Weltstadtangebot – rund um die Uhr

Berlins städtische Anziehungskraft geht weit über die Grenzen Deutschlands hinaus. Künstler, Musikgruppen und Orchester von Weltrang leben und arbeiten in Berlin. Filmfestspiele, internationale Messen, Kongresse und Sportgroßereignisse finden in Berlin statt. Zahllose Ausstellungen und sonstige Veranstaltungen schaffen ein vielfältiges Programm.

Millionen von Berlin-Touristen aus dem In- und Ausland können unter einem bunten, fast unbegrenztem Weltstadtangebot auswählen: 160 Kinos, 55 Theater, 40 Galerien, 130 Museen, Schlösser und Gärten stehen zur Auswahl. Im Bereich der City um die Kaiser-Wilhelm-Gedächtniskirche und im Bereich um den Alexanderplatz kann der Besucher sich in Hunderten von Cafés, Bistros

1 Waldbühne
2 Olympiastadion
3 Messegelände
4 Deutschlandhalle
5 Funkturm
6 ICC (Kongresszentrum)
7 Charlottenburger Schloss
8 Kaiser-Wilhelm-Gedächtniskirche
9 Europacenter
10 Siegessäule
11 Reichstag
12 Brandenburger Tor
13 Fernsehturm am „Alex"
14 Trabrennbahn – Karlshorst
15 Staatsoper
16 Schauspielhaus
17 Sportforum Berlin

M1: Weltstadtangebote

und Restaurants, Lokalen und Unterhaltungsstätten rund um die Uhr aufhalten.

Die einheimische Bevölkerung ist weltoffen. 370 000 Menschen aus fast allen Ländern der Erde leben in Berlin. Die meisten Berliner achten und respektieren die Lebensweisen, Sitten und Gebräuche der ausländischen Mitbürger. Oft leben ausländische Familien bereits seit mehreren Generationen in Berlin. Sie fühlen sich als „Berliner", ebenso wie die vielen deutschen Neu-Berliner.

M2: Sehenswürdigkeiten und Touristenattraktionen in Berlin

a Reichstag
b Siegessäule
c Brandenburger Tor
d Fernsehturm am Alexanderplatz
e Kaiser-Wilhelm-Gedächtniskirche
f Charlottenburger Schloss
g Funkturm
h ICC

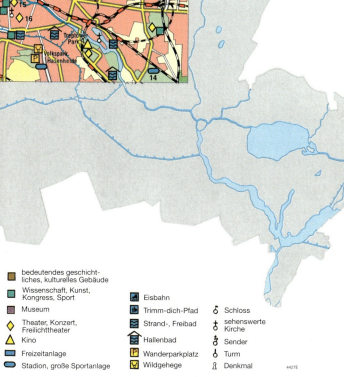

- bedeutendes geschichtliches, kulturelles Gebäude
- Wissenschaft, Kunst, Kongress, Sport
- Museum
- Theater, Konzert, Freilichttheater
- Kino
- Freizeitanlage
- Stadion, große Sportanlage
- Eisbahn
- Trimm-dich-Pfad
- Strand-, Freibad
- Hallenbad
- Wanderparkplatz
- Wildgehege
- Schloss
- sehenswerte Kirche
- Sender
- Turm
- Denkmal

M3: Freizeit- und Kulturangebot Berlins

1. Stadtbummel in Berlin: Ordne die Gebäude a bis h *(M2)* den Ziffern im Stadtplan *(M3)* zu.

2. Weltstadtangebot in Berlin: Lies die Plakate auf der Litfaßsäule *(M1)*. Für welche Veranstaltungen wird geworben? Ordne zu: Kino, Musik, Theater, Ausstellung.

3. Suche folgende Veranstaltungsorte in der Karte *(M3)* und nenne ihre Kennziffern:
– Rockkonzerte auf dem Alexanderplatz und der Waldbühne
– Fußballländerspiel im Olympiastadion
– Pferderennen auf der Trabrennbahn
– Parteitag im ICC
– Funkausstellung auf dem Messegelände
– Violinkonzert im Schauspielhaus
– Holiday On Ice in der Deutschlandhalle
– Eishockey im Sportforum

4. Überlege: Was meint der Bär mit dem Satz „Berlin, Berlin, dein Herz hat keine Mauern"?

5. Warum bezeichnet man Berlin auch als „weltoffene" Stadt?

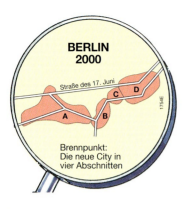

M1: „Cityband" Berlin
A City West
B Kulturforum und Reste der alten City aus der Zeit vor dem Zweiten Weltkrieg
C Potsdamer Platz und Leipziger Platz mit ehemaligem Grenzstreifen zum Brandenburger Tor
D City Ost

M2: Potsdamer Platz 1996

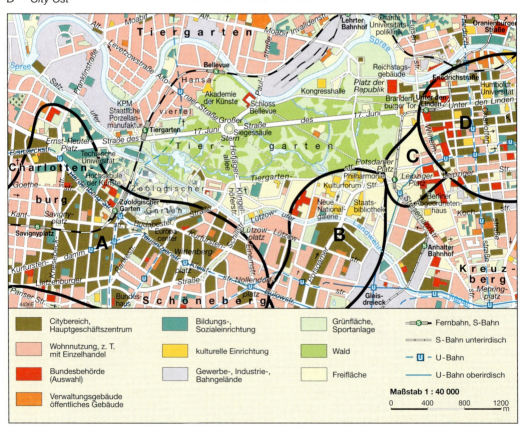

M3: Die City West und die City Ost werden verbunden

M4: City 2000: Modell der Bebauung am Potsdamer Platz

M5: Verkehrs- und Gebäudeplanung in der Berliner City

Die neue City: Das Stadtbild verändert sich

Als am Potsdamer Platz 1989 die Mauer fiel, jubelten die Menschen: „Das Herz Berlins hat wieder zu schlagen begonnen". Aber bevor das Leben in der Weltstadt richtig pulsieren kann, muss das Stadtbild „operiert" werden. Zwischen den ehemaligen Stadthälften West- und Ostberlins gibt es sehr alte, zum Teil verfallene Häuser und brachliegendes, unbebautes Land. Es wird auf drei Kilometer Länge umgestaltet.

Für über 20 Milliarden Mark baut Berlin die neue City 2000: ein „Cityband", das die ehemalige City West und die City Ost miteinander verbindet. Dieses Band besteht aus Parks, Museen, Theatern, Sportstätten, Büro-, Geschäfts- und Wohnhäusern. Dort, wo sich heute noch eine große Baustelle befindet (M2), soll bis zur Jahrtausendwende das neue Zentrum unserer Hauptstadt entstehen (M4): Am Potsdamer Platz werden eine Million Quadratmeter neu bebaut – das entspricht einer Fläche von 170 Fußballfeldern. Rund um den Reichstag entsteht das Regierungsviertel der Hauptstadt. Für den Bundestag und die Bundesregierung werden auf 500 000 m² Gebäude errichtet.

Zunächst aber werden unter dem Potsdamer Platz und dem künftigen Regierungsviertel sowie dem dazwischenliegenden Park „Tiergarten" sieben Tunnelröhren gegraben. Auf bis zu fünf ober- und unterirdischen Etagen sollen hier zukünftig Nah- und Fernzüge, Straßenbahnen und Fußgänger verkehren. In unmittelbarer Nähe des Regierungsviertels entsteht der neue Zentralbahnhof Berlins. Damit erhält die Stadt erstmals einen zentralen Umsteigebahnhof für den gesamten IC- und ICE-Verkehr.

1. Betrachte das Berliner „Cityband" (M1). Suche die Abschnitte A–D im Stadtplan (M3). Nenne je ein Bauwerk in diesen vier Abschnitten (M3, M5).

2. a) Welche Hauptstraßen führen durch Teil A (M3)?
b) Welche Stadtteile berührt Teil A (M3)?

3. a) Welche Hauptstraßen durchziehen die Teile B und C der Berliner City (M3)?
b) Welche Plätze liegen im Teil C (M3)?

4. Wie sah es am Potsdamer Platz 1996 aus – und wie soll es dort im Jahr 2000 aussehen? Beschreibe M2 und M4.

5. Welche Verkehrseinrichtungen und Gebäude sind für die City 2000 geplant? Erkläre mit M5 und mithilfe des Textes.

Kulturstadt Dresden

Dresden – einst fürstliche Residenz, heute Landeshauptstadt

Dresden wird seit Jahrhunderten als eine der schönsten Städte der Erde gerühmt. Seine anmutige Lage und seine einzigartigen Bauwerke und Kunstsammlungen locken Touristen aus aller Welt an.

Die interessantesten Sehenswürdigkeiten befinden sich in der Innenstadt und lassen sich bequem zu Fuß erschließen. Dazu vertrauen wir uns einem Stadtführer an: „Ich möchte Sie zu einem kleinen Rundgang durch das historische Dresden einladen. In unserer Stadt, die erstmalig im Jahre 1206 urkundlich erwähnt wurde, haben viele Bauepochen ihre Spuren hinterlassen. Besonders hervorzuheben ist dabei die Barockzeit unter dem Kurfürsten von Sachsen, August dem Starken, der auch König von Polen war. Später erhielt die Stadt wegen ihrer Barockbauten den Beinamen „Elbflorenz".

Wir stehen hier vor dem Wahrzeichen Dresdens, dem Zwinger *(M4)*. Dieser Name bezeichnete ursprünglich den freien Raum hinter den ehemaligen Festungswerken der Stadt. Der Bau besteht aus dem Kronentor und zweigeschossigen Pavillons, die durch Galerien miteinander verbunden sind. Im Innenhof feierte August der Starke rauschende Feste. Heute beherbergen die Zwingergebäude bedeutende Kunstsammlungen (z.B. die Gemäldegalerie, und die Porzellansammlung).

> „Wer Sehnsucht nach Schönheit hat, braucht nur die Elbhänge hinaufzuwandern um von dort aus … auf Dresden hinunterzusehen, wenn im Elbtal die ersten leisen Nebel sich bilden … und vereinzelt hervorragende Baukörper dunkel und deutlich zu erkennen sind …"
>
> Eva Suchy

M1: Dresden 1911

Begeben wir uns nun über den Theaterplatz in Richtung Elbe. Zur linken Seite sehen Sie die wieder aufgebaute Semperoper, die Dresdens Bedeutung als Musikstadt unterstreicht. Rechts geht der Wiederaufbau des Schlosses zügig voran.

Zur Elbe zu erhebt sich die Katholische Hofkirche, die größte Kirche Sachsens. In ihr wird das Herz August des Starken aufbewahrt.

Die Altstadt Dresdens wird von der 930 Meter langen Brühlschen Terrasse, einem Rest der Stadtbefestigung, begrenzt. Zur Zeit werden hier die unterirdischen Gewölbe freigelegt, wo dem „Goldmacher" Böttger 1709 die Erfindung des Porzellans gelang.

Folgen Sie mir nun zum Albertinum mit dem Grünen Gewölbe. Es war die Schatzkammer der Sächsischen Fürsten und Könige *(M2)*.

Schauen wir von der Terrasse zum Neumarkt: die Ruine der weltbekannten Frauenkirche erinnert uns an die Zerstörung Dresdens 1945. In wenigen Stunden vernichteten Bomben, was Generationen erbaut hatten. Mit Spendengeldern wird die Frauenkirche neu gebaut.

Heute ist Dresden nicht nur Kulturstadt, Industriestandort, Heimstatt bedeutender Lehr- und Forschungseinrichtungen, sondern entwickelt sich seit 1991 als Hauptstadt des Freistaates Sachsen auch zum Verwaltungszentrum. Institutionen verschiedenster Bereiche werden angezogen, besonders Banken und Dienstleistungsbetriebe. Die Firmen Siemens und Motorola eröffneten 1998 hier die modernste Chipfabrik der Welt.

M2: Nautiluspokal, Grünes Gewölbe

M3: Dresden, Stadtkern

M4: Der Dresdner Zwinger – das Kronentor

Projekt: Eine Straße unter der Lupe

Wir erkunden unsere Stadt

Die Klasse 5a beschließt die Haupteinkaufsstraße in ihrem Schulort zu erkunden. Sie bildet Arbeitsgruppen für eine Kartierung, eine Befragung und ein Interview. Ihr findet Hinweise für eine eigene Untersuchung.

Wir machen ein Interview
1. Legt das Thema fest, zu dem ihr etwas erfahren wollt.
2. Wählt mithilfe des Stadtplans die Straßen oder Plätze aus, wo ihr das Interview durchführen wollt.
3. Legt fest, wie viele Personen ihr interviewen wollt.
4. Erstellt eine Liste mit Fragen.
5. Übt zunächst im Rollenspiel jemanden auf der Straße anzusprechen, euer Anliegen vorzutragen, das Interview durchzuführen und euch zu bedanken.
6. Macht euch mit dem Kassettenrekorder vertraut.
7. Führt die Interviews zu zweit durch. Eine Schülerin führt zum Beispiel das Interview durch, die andere notiert zu Beginn den Stand des Zählwerks und macht sich Stichworte zu den Inhalten und der befragten Person.
8. Wertet die Interviews in der Schule aus. Ihr könnt die Ergebnisse in einer Tabelle stichwortartig untereinander schreiben, häufige Aussagen herausschreiben oder einige besonders interessante Stellen auf ein neues Band überspielen und in der Klasse vorspielen.

Arbeitsmittel

- Kassettenrekorder mit Mikrofon,
- Schreibunterlage,
- Schreibzeug,
- Liste der vorbereiteten Fragen

Fragen für die Erkundung einer Geschäftsstraße

1. Aus welchen Gründen sind Sie hier?
2. Was gefällt Ihnen hier besonders gut?
3. Was gefällt Ihnen hier nicht?
4. Sind Sie mit den öffentlichen Verkehrsmitteln (z.B. Straßenbahn) zufrieden?
5. Sind Sie mit den Einkaufsmöglichkeiten zufrieden?
6. Was würden Sie hier ändern, wenn Sie könnten?
(Bei kurzen Antworten („ja", „alles") nachfragen: „Könnten Sie das bitte erläutern?" „Könnten Sie ein Beispiel geben?" usw.

Stichwörter zu Frage 2:

Viele verschiedene Geschäfte, viele Geschäfte mit gleichem Sortiment (z.B. Schuhgeschäfte), anspruchsvolles Angebot, günstige Preise, buntes Leben und Treiben auf der Straße, guter Kundendienst, Parkplätze in der Nähe, freundliche Bedienung, ich kenne mich hier nicht aus.

M1: Schilder an einem Haus

M2: Geschäftsstraße (Teilansicht)

Arbeitsmittel

- Fotoapparat,
- feste Schreibunterlage,
- Bleistift,
- Buntstifte,
- Radiergummi,
- Stadtplan,
- Karopapier

Richtiges Kartieren will gelernt sein!

1. Wählt mithilfe des Stadtplans eine Straße aus, am besten eine Geschäftsstraße, die ihr ganz oder teilweise kartieren wollt.

2. Erstellt gemeinsam eine Legende *(M3)*.

3. Fotografiert die Häuser oder Straßenabschnitte, die ihr kartieren wollt *(M2)*.

4. Zeichnet für jedes Haus, getrennt nach Stockwerken, die Nutzung ein. Übertragt hierzu die Gebäude der Straße auf Karopapier. Zehn Meter Hausbreite entsprechen 1 cm (2 Karos), ein Stockwerk entspricht 0,5 cm (1 Karo).

5. Fertigt in der Schule eine „Reinzeichnung" an. Bei Unklarheiten hilft das angefertigte Foto.

6. Fasst die Ergebnisse der Nutzungskartierung mit eigenen Worten zusammen.

Nutzungskartierung

Eine Nutzungskartierung ist eine Zeichnung. Sie zeigt, wie die einzelnen Stockwerke der Häuser in einer Straße genutzt werden, zum Beispiel als Geschäfte, Büros, Praxen, Wohnungen. Mithilfe einer Nutzungskartierung können Geschäftsstraßen und Wohnstraßen unterschieden werden.

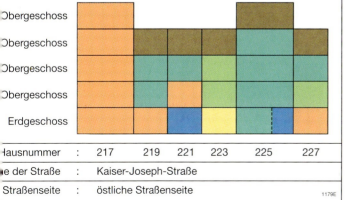

M3: Nutzungskartierung des Straßenabschnitts aus M2

Fragen für die Erkundung eines Wohngebietes

In einer Stadt gibt es neben dem Geschäftszentrum unterschiedlich geprägte Stadtviertel. Um herauszufinden, worin die Unterschiede zwischen ihnen bestehen und wie sie bewertet werden, kann man Interviews führen. Folgende Fragen könntet ihr stellen:

– Wie lange wohnst du schon hier?
– Fühlst du dich in deinem Wohngebiet wohl?
– Was gefällt dir hier besonders gut?
– Was gefällt dir hier nicht?
– Wie bist du mit den öffentlichen Verkehrsmitteln (z.B. Straßenbahn) zufrieden?
– Wie bist du mit den Einkaufsmöglichkeiten zufrieden?
– Wie bist du mit den Freizeitangeboten zufrieden?
– Was würdest du hier ändern, wenn du könntest?

Auszüge aus drei Interviews mit Jugendlichen

„Hier in der **Altstadt** sind viele schön restaurierte Häuser. Die stehen oft sehr dicht, haben aber nur vier Stockwerke. Im nahen Stadtpark kann man gut joggen und mit dem Rad fahren. Die Innenstadt ist nicht weit entfernt. In fünf Minuten gelange ich zu Fuß auf den Marktplatz. Da sind alle Geschäfte, Kaufhäuser, Kinos. Störend sind die vielen Autos. Wenn ich mit dem Fahrrad unterwegs bin, ist es oft viel zu eng. Mehr Fahrradwege, das wäre nötig."

„Was mir gefällt? Ja, wir haben hier in der **Vorortsiedlung** einen eigenen Bahnhof. Da fährt jede Stunde ein Zug in die Stadt. Außerdem geht die Straßenbahn alle zehn Minuten. Die ist nicht so schnell, fährt aber öfter als der Zug. Einkaufen kann man hier so ziemlich alles, was man täglich braucht, es gibt sogar ein Schuhgeschäft. Im Sommer gehe ich oft in unser Strandbad, im Winter laufe ich manchmal Schlittschuh auf dem Waldsee. Was mir nicht gefällt? Hier in der Straße fehlt ein breiter Fußweg. Die Autos hier fahren viel zu schnell. Für Kinder ist das oft gefährlich."

„Ich lebe gern in der **Neustadt**. Es ist zwar alles dicht bebaut mit Hochhäusern. Das gefällt mir nicht. Aber im Sommer hat man es von hier aus nicht weit zum Strand und kann baden. Ein Kino fehlt allerdings. Zum Einkaufen aber sind mehrere Geschäfte vorhanden.
Am besten ist das HdB (Haus der Begegnung). Da gibt's Billard, Tischtennis und an Wochenenden sind häufig Feste. Ach ja, mit der Straßenbahn in die Innenstadt, das geht schnell. Es dauert nur fünfzehn Minuten. Früher mit dem Bus waren wir eine halbe Stunde unterwegs."

Städte als Träger von Dienstleistungen

Zentrum des Handels und des Verkehrs – Frankfurt/Main

Frankfurt ist einer der wichtigsten Verkehrsknotenpunkte Europas. Wegen der zentralen Lage haben über 400 Banken aus aller Welt hier ihren Hauptsitz oder eine Zweigstelle. Viele Dienstleistungsbetriebe wollen sich zusätzlich in der Stadt ansiedeln. Um den wenigen Platz auszunützen werden zunehmend Hochhäuser gebaut.
Vom Flughafen Frankfurt Rhein-Main starten und landen täglich Reisende aus aller Welt. Über 100 internationale Fluggesellschaften fliegen diesen Weltflughafen regelmäßig an. Mehr als 200 Flugziele in rund 100 Staaten der Erde werden von Frankfurt Rhein-Main aus erreicht.

Messestadt Leipzig

Leipzig ist ähnlich wie Frankfurt ein bedeutendes Dienstleistungszentrum und ist die älteste deutsche Messestadt. Auch als „Bücher-Stadt" besitzt Leipzig eine lange Tradition.

Berlin – eine Hauptstadt zieht um

Berlin ist nicht nur die Hauptstadt Deutschlands, sondern auch eine Weltstadt: ein Mittelpunkt von Kunst, Kultur, Wirtschaft und Politik. 3,5 Millionen Menschen leben hier. Durch seine zentrale Lage in Europa ist Berlin ein internationaler Verkehrsknotenpunkt. Autobahnen, Bahnlinien und Wasserstraßen aus allen Himmelsrichtungen sowie ein Luftverkehrsnetz verbinden die Stadt mit allen Teilen Europas.
Seit der Vereinigung Deutschlands im Jahr 1989 wird das Zentrum von Berlin neu gestaltet. Ein „Cityband" aus Parks, Museen, Theatern, Sportstätten, Büro- und Geschäftshäusern soll die ehemaligen Stadtkerne West und Ost miteinander verbinden.

Kulturstadt Dresden

Die sächsische Hauptstadt verfügt über ein großes kulturelles Erbe. Millionen von Touristen strömen in die Stadt um die berühmten Kulturbauten zu besichtigen. Neben dem weltbekannten Zwinger erfreut sich besonders die Semperoper großer Beliebtheit. Das königliche Schloss und die Frauenkirche wurden kurz vor Kriegsende zerstört. Sie werden heute, nach über 50 Jahren, wieder aufgebaut.

Wir erkunden unsere Stadt

Mit verschiedenen Methoden kann die Heimatstadt, eine Geschäftsstraße oder ein Wohngebiet erkundet werden.

Das Wichtigste kurz gefasst

Grundbegriffe

Verkehrsknotenpunkt
Dienstleistungsbetrieb
Messe-Privileg
DDR
Mustermesse
Ostblock
Messestadt
Hauptstadt
Weltstadt

Die Zugspitze (Ostgipfelkreuz)

Touristische Regionen in Deutschland

Ferien und Freizeit in Deutschland

1. Erstelle eine Liste mit
a) Seebädern
b) Wintersportorten
c) Städten mit Besichtigungstourismus.
Ordne die Namen nach Bundesländern.

2. Welche Hauptstädte der Bundesländer eignen sich zum Besichtigungstourismus?

3. Wohin können die Bewohner von Karlsruhe und Hannover zur Naherholung fahren?

4. Nicht nur Köln und Dresden sind wegen ihrer schönen Uferpromenaden bekannt. Nenne weitere sehenswerte Städte, die an Flüssen liegen.

5. Welche Fremdenverkehrsgebiete und interessanten Städte liegen nicht weiter als 100 km Luftlinie von deinem Heimatort entfernt?

Überall in Deutschland finden sich lohnende Ausflugs- und Ferienziele: im Norddeutschen Tiefland, in den Mittelgebirgen, im Alpenvorland und in den Alpen.

Dabei hat jede der Großlandschaften ihre eigenen Reize: Das Norddeutsche Tiefland lockt zum Beispiel mit guten Bademöglichkeiten und sehenswerten Nationalparks. In den Alpen kann man Bergsteigen, Bergwandern und im Winter lange Skiabfahrten genießen. Die Mittelgebirge eignen sich dagegen eher für solche Urlauber, die lange Wanderungen durch Wälder, Wiesen und Felder bevorzugen und denen es nicht auf das Ersteigen hoher Berge ankommt. Doch auch in einigen höheren Lagen der Mittelgebirge kann Wintersport betrieben werden. Die Wintersaison ist dort jedoch wesentlich kürzer als im Hochgebirge.

In den letzten Jahren sind vielerorts zusätzliche Fremdenverkehrsverbindungen geschaffen worden um die Fremdenverkehrsgebiete und die Naherholungsgebiete im Bereich der Städte für Wochenendurlauber und Feriengäste noch attraktiver zu machen.

Viele Menschen legen jedoch auf diese Freizeiteinrichtungen weniger Wert. Sie interessieren sich eher für berühmte Bauwerke, malerische Straßen und lehrreiche Museen. Auch für solche Bildungsurlauber bietet Deutschland viele Ziele: In allen Großstädten gibt es interessante Museen und historische Bauwerke, sodass man überall abwechslungsreiche Tage verbringen kann. Aber auch kleinere Städte verfügen über Sehenswürdigkeiten, von denen einige sogar über die Grenzen hinaus bekannt sind.

M1: Der Spieler darf 500 Kilometer fliegen

Flug über Deutschland

Ein Spiel für zwei oder mehr Spieler. Ihr benötigt einen Würfel, ein Lineal oder einen Zirkel, die nebenstehende Karte oder den Atlas.

In jeder der sechs Runden würfelt jeder Spieler ein Mal. Bei einer Sechs darf ein weiteres Mal gewürfelt werden. Jeder Punkt auf dem Würfel erlaubt dem Spieler, von Hamburg aus 100 Kilometer weit zu fliegen. – Hast du zum Beispiel eine Vier gewürfelt, darfst du 400 Kilometer weit fliegen. Während jeder Runde muss geflogen werden, man darf also nicht alle Punkte bis zum Ende sammeln.

Auf der Flugroute sollen möglichst viele Fremdenverkehrsgebiete überflogen werden, ohne dass sich die Flugroute mit anderen kreuzt.

Sieger ist der, der die meisten Fremdenverkehrsgebiete auf seiner Flugliste stehen hat.

Eine Hilfe zur Flugplanung: Mit der Maßstabsleiste, dem Lineal oder Zirkel kannst du die erwürfelten Kilometer auf der Karte abtragen.

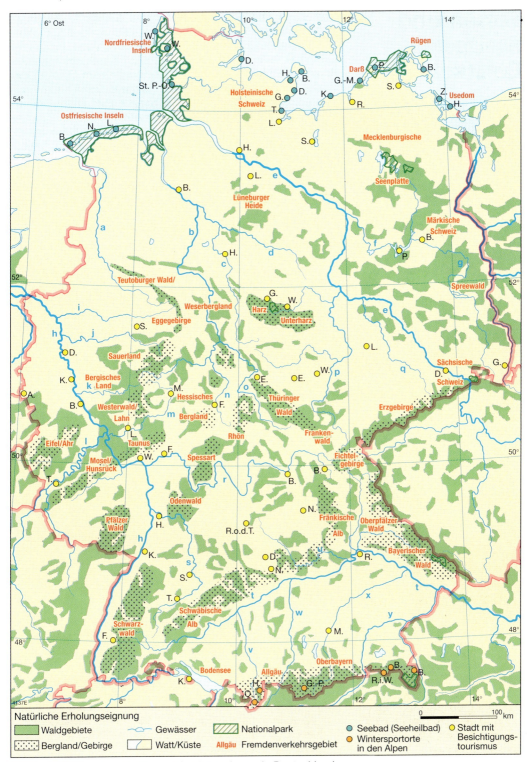

M2: Fremdenverkehrsgebiete und Städtetourismus in Deutschland

133

Die Alpen – ein Spielplatz Europas

Abschied von den Alpen?

„Die Natur hat die Alpen geschaffen, wir bauen sie um und möblieren sie", ist ein Motto der Tourismusindustrie. Wenn jedes Jahr über 100 Millionen Urlauber die Alpenländer besuchen, dann bringen sie zwar Geld und Wohlstand in die Ferienorte, sie hinterlassen aber auch gefährliche Wunden in der Bergwelt.

Für immer mehr Touristen müssen immer mehr Straßen und Hotels in die Berge gesprengt werden. Für die Winterurlauber werden breite Skipisten in den Wald geschlagen um Abfahrten bis in die Täler und vor die Hotels zu ermöglichen. Auf diese Weise gehen viele wertvolle Waldflächen verloren. „Wo der Wald geht, kommen die Lawinen" wissen die Bergbewohner. Die meisten Bergwälder sind **Bannwälder**, die die Täler vor Lawinen oder Erdrutschen schützen. Die Stämme der Bäume halten auch an steilen Hängen den Schnee und ihre Wurzeln verhindern die **Erosion**, das heißt, die Abtragung der dünnen Bodenschichten.

Für die Skifahrer werden vor allem die Wiesen- und Mattenregion erschlossen. Schwere Baumaschinen und Pistenraupen zerreißen die empfindliche Pflanzendecke, die den Boden hält. Bei Regen oder Schmelzwasser können **Muren**, große Schlamm- und Geröllströme, entstehen und zu Tal rutschen. Um die Natur zu überlisten werden in den Alpen Schneekanonen eingesetzt, die künstlichen Schnee auf die Pisten schleudern und die Skisaison verlängern. Viele Pflanzen sterben unter dem hart gepressten Kunstschnee ab oder werden in ihrer Entwicklung behindert, weil sie im Frühjahr die Schneedecke nicht rechtzeitig durchbrechen können.

„Das Gebirge macht böse Miene.
Das Gebirge wollte seine Ruh.
Und mit einer mittleren Lawine deckte es die blöde Bande zu.
Dieser Vorgang ist ganz leicht erklärlich.
Der Natur riss einfach die Geduld.
Andere Gründe gibt es hierfür schwerlich,
den Verkehrsverein trifft keine Schuld."

M1: Erich Kästner: Maskenball im Hochgebirge

---

1. Erkläre, warum Wälder an steilen Hängen nicht abgeholzt werden sollten *(Text* und *M3)*.

M2: Ein Skihang im Sommer

M3: Kunstschneepiste im Frühjahr

Auch der Massentourismus der Sommersaison kann eine Gefahr für die Alpen bedeuten. Seilbahnen erschließen heute nicht nur die Sommerskigebiete der Gletscherwelt, sondern befördern auch Scharen von Bergwanderern in die Gipfelregion. „Je weiter wir aber in die Bergwelt eindringen, desto empfindlicher reagiert die Natur auf unsere Eingriffe", sagen die Naturschützer. „Nicht nur die scheuen und seltenen Alpentiere werden durch lärmende Touristen gestört, auch die Pflanzen leiden unter dem Massentourismus. Schon ein unbedachter Fußtritt auf die dünne Gras- und Krautschicht kann Wunden aufreißen, die nie mehr zuwachsen.

Selbst die Versuche, oberhalb der Waldgrenze neue Vegetationsdecken künstlich anzulegen, haben fast nie Erfolg. Die Pflanzen wachsen hier sehr langsam, manche nur einen Millimeter pro Jahr. Eine typische Grasart wird 150 Jahre alt, sie braucht aber 500 Jahre um einen Quadratmeter Boden zu bedecken. Ein Millimeter Mutterboden bildet sich im Tal erst nach 100 Jahren neu, in höheren Lagen dauert es dagegen noch viel länger.

Besonders ungern sehen wir hier die Motocross- und die Mountainbikefahrer. Die Schäden, die die groben Reifenprofile in die dünne Bodendecke reißen, müssen wir mit hohem technischen und finanziellen Aufwand versuchen zu beheben. Die Natur alleine wäre dazu nicht mehr in der Lage. Wenn die Schäden an der Vegetationsdecke und der Waldverlust noch zehn Jahre so weitergehen wie bisher, dann sind allein in den Bayerischen Alpen die Hälfte aller Ortschaften und viele Straßen von Lawinen, Muren, Steinschlag oder Überschwemmungen bedroht. Wer diese Tatsachen kennt, wird sicher verantwortungsvoller mit der Natur umgehen."

2. Notiere die Gefahren, die den Alpen durch den Winter- und Sommertourismus drohen *(Text, M2-M5)*.

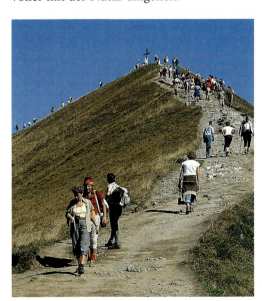

M4: Erosionsschäden durch Bergwanderer

M5: Mit dem Mountainbike gegen die Alpen

Fallstudie Skitourismus Garmisch – Partenkirchen

M1: Zahl der Gäste und Übernachtungen in Garmisch-Partenkirchen

Jahr	Gäste	Übernachtungen
1960	232 000	1 303 000
1970	226 000	1 363 000
1980	258 000	1 398 000
1990	318 000	1 471 000
1994	270 000	1 415 000

M2: Garmisch-Partenkirchen im Winter

1. „Winterurlaub wird immer beliebter", behaupten die Reiseveranstalter.
Liste a) die Wintersportarten, b) die anderen Sportarten auf *(M2)*.

2. a) Beschreibe die Arbeiten, die den Wintersport möglich machen.
b) Ermittle die Zahl der Skilifte und der Abfahrtspisten (rote durchgezogene Linien) in *M2*.

Skitourismus: Urlaub auf Kosten der Natur

Hunderttausende von Urlaubern werden zwischen Dezember und März in den Fremdenverkehrszentren der Alpen zum Wintersport erwartet. Um den Gästen die uneingeschränkte Ausübung ihres Sports möglich zu machen treffen die Gemeinden schon im Sommer Vorbereitungen. Das Netz der Seilbahnen und Schlepplifte wird ausgebaut. Auf den Strecken der Abfahrtspisten werden Felsbrocken beseitigt und Buckel auf den Almwiesen abgetragen. Im Wege stehende Bäume und Büsche holzt man ab. Wenn der erste Schnee gefallen ist, walzen schwere Maschinen den Schnee auf den Abfahrtspisten und spuren die Langlaufloipen. 115 km Abfahrtspisten gibt es zum Beispiel in Garmisch-Partenkirchen, 150 km lang sind die Langlaufloipen im Loisachtal. Falls es zu wenig schneit, produziert man vielerorts unter hohem Energie- und Wasserverbrauch Kunstschnee mit Schneekanonen.

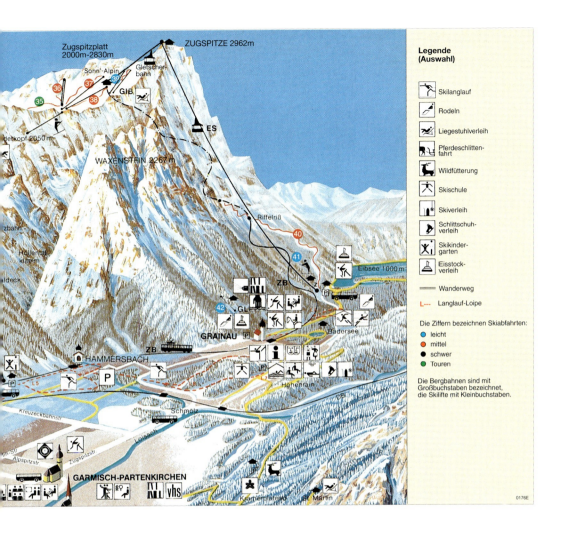

„So überlisten wir die Natur", sagt der Kurdirektor. „Wir müssen unseren Ort und unsere Urlaubsangebote weiter ausbauen, denn die Konkurrenz in den benachbarten Alpenländern ist groß. In Zukunft müssen wir uns verstärkt um jüngere Urlauber bemühen, damit unser Ferienort auch weiterhin gerne besucht wird." Für Touristen, die nicht Ski laufen, werden etwa 100 Kilometer geräumte Wanderwege unterhalten. Die Folgen des Massentourismus sind für die Pflanzen- und Tierwelt und die alpine Landschaft verheerend. Die Bergwälder sind bedroht. Die Almwiesen veröden. Die Wachstumszeit im Sommer ist für Gräser und Kräuter zu kurz, weil sie im Frühjahr die zusammengepreßte Schneedecke nicht rechtzeitig durchbrechen können. Auch der Lebensraum der Tiere verändert sich. Immer öfter haben sie Probleme bei der Nahrungssuche. Im Winter bedrohen Lawinen wegen fehlender Bannwälder die Orte im Tal. Im Sommer richten Bergrutsche große Schäden an.

3. Zeichne ein Säulendiagramm nach den Zahlen für die Jahre 1960, 1970, 1980, 1990 und 1994 *(M1)*. Welche Veränderungen haben sich dadurch in den Orten ergeben?

4. Welche Folgen hat der Massentourismus im Winter?

Die Berge müssen Atem holen

Wie wär's mal mit einer ganz anderen Winterfreizeit?

- Rodeln oder mit einem Pferdeschlitten fahren
- einen Schneemann oder eine Schneefrau bauen
- einen Iglu wie die Inuit bauen
- eine Wanderung durch die verschneite Landschaft machen
- Spuren im Schnee suchen und sie bestimmen, z.B. von Hase und Reh
- mit Schlittschuhen im Freien laufen
- Eishockey spielen und anschließend eine Siegesfeier veranstalten
- eine feucht-fetzige Schneeballschlacht machen und anschließend heißen Tee auf der Kachelofenbank trinken

(nach: Jugendreisen mit Einsicht. 1. Info-Dienst des Projektes. März 1992)

M2: Idee vom „anderen" Winterurlaub

„So wie bisher geht es nicht weiter", sagt der Bergführer Alber aus Obermais zu seiner kleinen Wandergruppe. „Der Massentourismus beginnt unsere Alpenlandschaft zu zerstören. In manchen Gebieten wird Erholung zum Stress für Mensch und Natur. Aber auch Berge müssen einmal Atem holen.

Seit 1987 fördern daher einige Gemeinden den **sanften Tourismus**. Man versteht darunter eine besondere Art des Fremdenverkehrs, der die Natur und die Landschaft möglichst wenig belastet und der auf die typische Lebensweise der Bevölkerung eines Feriengebietes Rücksicht nimmt. Wir wollen mit diesem Programm auch das Interesse für die Besonderheiten unserer Landschaft und unserer Geschichte wecken. Dadurch fördern wir das Verständnis zwischen Fremden und Einheimischen.

Die Gemeinden müssen sich allerdings verpflichten den privaten Autoverkehr einzuschränken und Ruhezonen für die Alpentiere zu schaffen. Alle Freizeitangebote müssen umweltverträglich sein. Die Nahrungsmittel werden vor allem von den einheimischen Betrieben geliefert und sollen möglichst umweltgerecht hergestellt werden.

M1: Öko-Seilbahn

Abenteuer-, Natur- und Umweltexpedition im Alpenland

Vieles gibt es in dieser herrlichen Landschaft auszukundschaften: Welche Tiere und Pflanzen leben hier? Wie funktioniert das Sägewerk? Welche Sternbilder sieht man im August in der Nacht? Wie wandert man nach Karte und Kompass?
Stell dir vor, du hockst in der Dämmerung im Wald und lauschst. Was hörst du: den eigenen Atem, zwei, drei verschiedene Vögel, plötzlich knackende Zweige, einen Fuchs? Etwas gruselig ist es schon, wenn wir die Nacht im Freien verbringen.
Faulenzen, gutes Essen sowie eine komfortable An- und Abreise mit dem Bus gehören natürlich auch zur Freizeit.

(nach: Jugendreisen mit Einsicht. Aus dem Reise- und Freizeitprogramm 1992)

M3: Reiseangebot für eine „Aktivfreizeit" für 11-14-Jährige

---

1. „Urlaub einmal anders!" *(M2, M3)*. Wird hier der sanfte Tourismus gefördert?

2. Macht in der Schule eine Umfrage: Winterurlaub wie in Garmisch-Partenkirchen *(S. 136/137)* oder ein „anderer" Winterurlaub *(M2)*?

3. Nenne Unterschiede zwischen dem Massentourismus und dem sanften Tourismus.

M4: Hinweistafel für Bergwanderer

Abfälle werden getrennt und wieder aufbereitet. Die Naturreservate und Ruhezonen der Alpen sollen in Zukunft erweitert werden. In den Bayerischen Alpen steht schon fast die Hälfte der Bergwelt unter besonderem Schutz, sie darf deshalb technisch nicht weiter erschlossen werden."

Was muss ein Ort tun um das Umweltzeichen zu erhalten?

Zum Beispiel:
- Recycling-Papier bei Prospekten und Katalogen verwenden,
- umweltfreundliche Anreise und Ausflüge mit öffentlichen Verkehrsmitteln ermöglichen,
- umweltverträgliche Freizeitangebote bieten,
- Nahrungsmittel aus der Region aus ökologischem Anbau anbieten,
- Energie- und Wassersparmaßnahmen vornehmen,
- auf unnötige Verpackungen verzichten,
- Abfall-Recycling durchführen,
- einen Fahrradverleih einrichten,
- Wanderungen unter sachkundiger Leitung anbieten.

(nach: Initiative des Ökologischen Tourismus in Europa e.V. [ÖTE])

M5: Projekt „Grüner Koffer": Gütesiegel für Fremdenverkehrsorte

Methode: Wetter und Klima

Wetterkundler beobachten das Wetter

Deutschland verfügt über wenige Gunsträume, in denen das Klima so mild ist, wie im Oberrheingraben. Dort scheint die Sonne im Frühjahr und Sommer länger als in den Mittelgebirgen und die Temperaturen liegen höher. In Schleswig-Holstein sind die Sommer eher kühler, die Winter dagegen mild.

Was wir jedes Jahr von neuem in der Natur beobachten können, haben Wetterkundler, die Meteorologen, über Jahrzehnte gemessen, verglichen und aufgeschrieben. Sie beobachten und messen täglich die Bausteine des **Wetters**: die Sonnenscheindauer, die Bewölkung, Temperatur und Niederschlag, Wind und Luftdruck. Mit den Mittelwerten (Durchschnittswerten) aus den Aufzeichnungen von mindestens 30 Jahren können die Meteorologen das Klima eines bestimmten Gebietes beschreiben. Dabei sind Temperatur und Niederschlag von besonderer Bedeutung.

Um die Temperaturen von Tagen, Monaten oder Orten miteinander vergleichen zu können bildet man Mittelwerte. Für jeden Tag wird die *Tagesmitteltemperatur* errechnet *(M1)*.

Die *Monatsmitteltemperatur* erhält man, wenn man alle Tagesmittel zusammenzählt und durch die Anzahl der Tage des Monats teilt. Diese Werte werden als Punkte in ein Schaubild (Diagramm) eingetragen und mit einer roten Linie zu der *Temperaturkurve* verbunden *(M2)*. Die Niederschläge werden in Millimeter gemessen. Zur Bestimmung der *Monatsniederschläge* misst man an jedem Tag, wie viel Regen oder Schnee gefallen ist *(M4)*. Die Ergebnisse werden für jeden Monat zusammengezählt und als blaue Säule in ein Diagramm eingetragen. Die Höhe der blauen Säule zeigt, wie viel Niederschlag in einem Monat gefallen ist *(M3)*.

Die Meteorologen messen dreimal täglich die Lufttemperatur. Um 7 Uhr, 14 Uhr und 21 Uhr werden die Werte notiert. Die Tagesmitteltemperatur erhält man, wenn man diese Werte zusammenzählt, dabei aber die Temperatur von 21 Uhr zweimal nimmt und dann durch vier teilt.

Beispiel: 7 Uhr: 12 °C
14 Uhr: 22 °C
21 Uhr: 15 °C

Rechnung: 12+22+15+15 = 64
64 : 4 = 16
Ergebnis: Die Tagesmitteltemperatur beträgt 16 °C.

M1: Berechnung der Tagesmitteltemperatur

1. Berechne die Tagesmitteltemperatur für folgende Messungen: 7 Uhr: 2 °C, 14 Uhr: 8 °C, 21 Uhr: 4 °C.

2. Überlege, wie man die Jahresmitteltemperatur und den Jahresniederschlag berechnen kann.

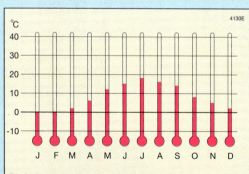

Die **Lufttemperatur** wird mit dem Thermometer in zwei Metern Höhe über dem Erdboden gemessen und in Grad Celsius (°C) angegeben. 0 °C entspricht dem Gefrierpunkt.

M2: Monatsmitteltemperaturen

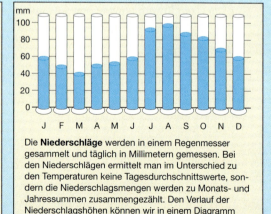

Die **Niederschläge** werden in einem Regenmesser gesammelt und täglich in Millimetern gemessen. Bei den Niederschlägen ermittelt man im Unterschied zu den Temperaturen keine Tagesdurchschnittswerte, sondern die Niederschlagsmengen werden zu Monats- und Jahressummen zusammengezählt. Den Verlauf der Niederschlagshöhen können wir in einem Diagramm darstellen und zwar durch Säulen.

M3: Monatssummen der täglichen Niederschläge

Klimadiagramm

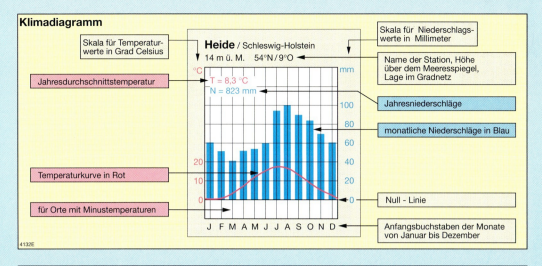

Vergleiche!		J	F	M	A	M	J	J	A	S	O	N	D	Jahr
Heide	T (°C)	0	0	2	8	12	16	18	17	13	9	4	2	8,3
14 m ü. NN	N (mm)	63	52	45	52	54	61	95	99	89	83	70	60	823
Fichtelberg	T (°C)	-6	-5	-2	2	7	9	11	11	8	4	-1	-4	3
1214 m ü. NN (Erzgebirge)	N (mm)	85	77	86	81	98	103	123	118	87	85	75	76	1094

T: Temperatur   N: Niederschlag (jeweils gerundete Werte)

Wir beschreiben ein Klimadiagramm

Die Mitteltemperaturen und die Niederschläge der einzelnen Monate können in einer einzigen Zeichnung, dem **Klimadiagramm**, zusammengefasst werden. Wer es zu lesen versteht, kann auf einen Blick feststellen, welche Temperaturen oder Niederschläge an einem Ort erwartet werden können. Klimadiagramme sind daher nicht nur für die Landwirtschaft und die Weinbauern interessant. Sie können auch dir bei der Planung eines Urlaubs nützliche Hinweise auf die wärmste oder die regenärmste Zeit eines Jahres geben. Wenn du ein Klimadiagramm auswertest, solltest du so vorgehen:
1. Beschreibe den Verlauf der Temperaturkurve.
2. Suche den wärmsten und den kältesten Monat (Temperaturmaximum, Temperaturminimum). Bestimme die Temperaturwerte dieser Monate aus der Kurve. (Fahre dazu mit dem Bleistift von dem Monat auf der unteren Achse senkrecht nach oben bis du auf die rote Kurve triffst. Verbinde diesen Punkt mit dem linken Rand, auf dem die Temperaturen eingetragen sind.)
3. Beschreibe die Verteilung der Niederschläge.
4. In welchem Monat regnet es am meisten, in welchem am wenigsten (Niederschlagsmaximum, -minimum)?
5. Nenne die Werte für die Jahresdurchschnittstemperatur und den Jahresniederschlag.
6. Suche die Station auf einer Atlaskarte.

M4: Regenmesser

3. Was versteht man unter dem Begriff „Wetter"? Was bedeutet der Begriff „Klima"?

4. Beschreibe das Klimadiagramm Heides nach den sechs Schritten.

Ferien im Schwarzwald

M1: Schwarzwald

i Steigungsregen

Wenn Luft vom Wind gegen ein Gebirge getrieben wird, steigt sie auf und kühlt sich ab. Es kommt zur Bildung von Wolken. Der Regen, der daraus fällt, heißt Steigungsregen.

„Sonne ist gut, Schwarzwaldklima ist besser"

Diese Zeile fand Marco in einem Prospekt über den Schwarzwald. Was soll das bedeuten?

Der Schwarzwald hat ein Klima, das besonders gut für die Erholung und Gesundheit geeignet ist. Die Sonne scheint nicht so stark wie in südlichen Feriengebieten, es ist nicht zu heiß und die Höhenluft ist angenehm. Jedes Jahr kommen viele Gäste in die Kurorte des Schwarzwalds. Familien mit Kindern und ältere Leute fahren oft hierher um zu wandern.

Die Orte im Schwarzwald möchten aber mehr junge Menschen ansprechen. Deshalb wird jetzt auch Erlebnisurlaub angeboten: Klettern, Ballonfahren, Down-hill-biking (Bergabfahrten mit dem Fahrrad) und anderes.

Nicht nur für Feriengäste, die hier mehr als eine Woche verbringen, ist der Schwarzwald als Erholungsgebiet wichtig. Gleichzeitig ist er ein Naherholungsgebiet. Viele Besucher kommen vor allem an den Wochenenden. Man nennt dies Wochenendtourismus. Im Winter werden die Wintersportmöglichkeiten „vor der Haustür" einiger Städte genutzt. Der älteste Skilift der Welt steht im Schwarzwald. Außer dem Abfahrtslauf ist der Skilanglauf sehr beliebt geworden.

Feldberg, Belchen, Titisee, Schluchsee und Hornisgrinde sind beliebte Wochenendziele. Hier drängen sich an wenigen Tagen viele Menschen. Reichen die Parkplätze nicht aus, werden Wiesen zugeparkt. Oft wird Müll arglos weggeworfen. Dieser Tourismus schädigt die Umwelt. So sucht man nach Lösungen. Der Belchen wird deshalb sonntags für den Autoverkehr gesperrt.

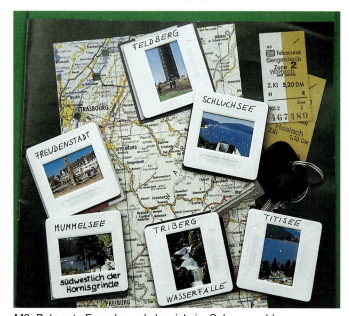

M2: Bekannte Fremdenverkehrsziele im Schwarzwald

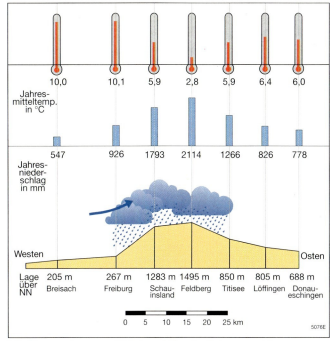

M3: Temperaturen und Niederschläge im Schwarzwald

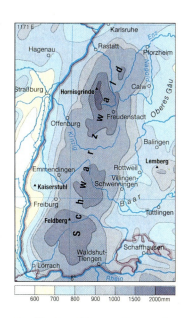

M4: Niederschläge im Jahresmittel im Schwarzwald

Erster Ranger auf dem Feldberg

Wenn im Sommer Tausende Touristen auf dem Feldberg unterwegs sind, hat der Ranger (Naturschutzwart) anstrengende Tage. Dann ist dies seine Hauptbeschäftigung: Mit seinem Jeep oder zu Fuß ist er unterwegs und erklärt den Wanderern Sinn und Zweck des Naturschutzes. Er achtet darauf, dass die Besucher die Natur nicht schädigen. Freundlich, aber bestimmt weist er Fußgänger zurecht, die zum Beispiel die markierten Wege verlassen. Er erklärt ihnen, dass sie mit ihren Schuhen die empfindliche Vegetation zerstören.

(nach: Badische Zeitung)

Sonntags ist der Belchen „blechfrei"

Mehr als 2700 Personenwagen wurden früher im Schnitt an einem Sonntag auf dem Belchen gezählt. Dieser starke Pkw-Verkehr war schädlich für die Natur. Pflanzen und Tiere litten unter den Abgasen und dem Lärm. Es musste etwas geschehen.
Jetzt ist der Parkplatz am Belchengipfel sonntags „leergefegt". Autos und Motorräder dürfen nicht mehr hinauffahren. An einer Schranke endet die Zufahrt zum Gipfel. Jede halbe Stunde fährt dafür ein Pendelbus. Er bringt die Besucher in zehn Minuten auf den Belchen.

(nach: Badische Zeitung)

1. Lies in *M3* die Niederschlagswerte, Temperaturwerte und die Höhenlage der angegebenen Orte und Berge ab. Fertige eine Tabelle an und trage die Werte ein.

	Höhe	Temperatur	Niederschlag
Freiburg	...	...	...
Schauinsland	...	...	...
Feldberg	...	...	...
Titisee	...	...	...

2. Überlege, warum die gleichen Pflanzen in Freiburg eher blühen als in den Bergen.

3. Warum kann man den Schwarzwald als „Regenfänger" bezeichnen?

Langeoog – eine Welt im Kleinen

Die großen Ferien nahen. Die Vorfreude bei Eva, Sascha und Jens aus Lübeck ist besonders groß, weil sie mit einer Jugendgruppe für 10 Tage in die Jugendherberge nach Langeoog fahren werden. Sie freuen sich auf Sandstrand, Dünen, Strandseen, viel Abwechslung bei Regenwetter und Sonnenschein, abendlichen Rummel in den Straßen, Besuch einer Disco, eine Strandpromenade mit Geschäften, Muscheln, Schnecken und Seesterne zum Sammeln, malerische Boote im Hafen und vor allem rundherum Wasser und Strand zum Burgen bauen und Baden von morgens bis abends. Ob sie das alles erleben werden?

Sonne, Sandstrand, Nordsee – unverfälschte Natur

Die Sommerinsel

Klar, alles dreht sich ums Wetter. Rund 1000 Stunden pro Sommer-Saison lacht über Langeoog die Sonne vom blauen Himmel. Sicher, Langeoog liegt nicht im Süden, aber dafür weht Ihnen hier eine erfrischende Brise um die Nase, die jede graue Wolke genauso schnell vertreibt, wie sie gekommen ist. Für ideale Badetemperaturen sorgt der Golfstrom, der milde Meeresluft und warme Wasserströme hierher bringt. Besonderes Wetter-Bonbon: Wenn's auf dem Festland regnet, scheint auf Langeoog meist die Sonne.

Die Familieninsel

Wissen Sie, warum Kinder Langeoog so sehr lieben? Weil es auf der Insel keine Autos gibt. Weil zwei von drei Unterkünften speziell auf die kleinen Gäste eingerichtet sind. Weil sie sich im neuen „Spielhaus" gut aufgehoben wissen, wenn ihre Eltern mal Zeit für sich selbst brauchen. Weil sie auf einer spannenden Pferdekutschfahrt „ihr" Langeoog entdecken können. Weil es einen 14 Kilometer langen „Sandkasten" gibt. Weil es hier nie langweilig wird. Und: weil sie ganz einfach Kind sein dürfen.

Die Fitness-Insel

Auf dem Festland wären Sie tagelang unterwegs, wollten Sie all die Freizeitmöglichkeiten nutzen, die im Sportlerparadies Langeoog angeboten werden. Spiel ohne Grenzen: Ob Minigolf oder Tennis, Volley- oder Fußball, Strandgymnastik oder Sport-Schießen, Tischtennis oder Joggen, Wassersport jedweder Couleur, Reiten oder Angeln, Radfahren, Wandern oder Boccia – selten wird es einem so leicht gemacht, mit viel, viel Spaß etwas für seine Gesundheit zu tun.

M1: Prospekttexte aus „Langeoog – Die Insel"; Herausgeber: Kurverwaltung Langeoog

M2: Langeoog – Schrägluftbild

Liebe Eltern!

Wie versprochen, schreibe ich euch gleich nach unserer Ankunft. Wir sind gut angekommen und haben bereits an unserem ersten Tag viele Überraschungen erlebt. Stellt euch vor, auf Langeoog gibt es keine Autos, dafür aber eine Eisenbahn und Pferdekutschen! Der Hafen liegt weit vom Ort entfernt, deshalb werden alle Feriengäste mit einer gemütlichen Inselbahn in den Ort gebracht. Den Hafen selbst hatte ich mir viel größer vorgestellt. Wir haben außer unserem Fährschiff, das uns hierher gebracht hat, noch andere Schiffe gesehen: Segeljachten, ein Frachtschiff, einen Seenotrettungskreuzer.

Die größte Überraschung brachte für uns der erste Spaziergang am Nachmittag. Wir „kletterten" auf den höchsten „Berg" von Langeoog, die Melkhörndüne (20 Meter hoch!) um die Insel zu überblicken und sahen – eine „halbe" Insel! In Richtung Festland gab es statt Wasser nur größere „Pfützen" und vom Sandstrand keine Spur! Dafür konnten wir seewärts aber die weißen Schaumkronen der Brandung erkennen. Ich habe Fotos gemacht. Ihr werdet staunen, wie unterschiedlich die Insel aussieht! Das hatte ich mir ganz anders vorgestellt!

Schade, wir wollten so gerne noch abends ins Wasser gehen, aber unser Gruppenleiter ließ sich nicht erweichen. Wir müssten wegen der Gezeiten die Badezeiten einhalten.

Morgen werden wir nach dem ersten Schwimmen einen Ausflug in den Ort machen. Bisher kennen wir ja nur den Bahnhof, weil unsere Jugendherberge außerhalb liegt. Wir kommen uns hier vor wie Robinson, dem die ganze Insel allein gehört. Weit und breit kein Haus! Und ich dachte, hier wären überall Geschäfte und Hotels!

Liebe Grüße, eure Eva

---

1. Beschreibe den Weg der Jugendgruppe von Lübeck nach Langeoog *(Atlas, Karte: Deutschland – nördl. Teil)*.

2. Langeoog ist eine sehr vielseitige Ferieninsel. Erläutere.

3. An welchem Tag könnten die Kinder angekommen sein, wenn nachmittags Ebbe herrschte *(M3)*?

Tag	Uhrzeit	
	Hochwasser	Niedrigwasser
5 S	03.20 15.20	09.24 22.07
6 S	04.05 16.08	10.08 22.53
7 M	04.51 16.59	10.57 23.41
8 D	05.42 17.56	11.54 –
9 M	06.38 19.01	00.36 13.00
10 D	07.39 20.09	01.39 14.12
11 F	08.40 21.12	02.43 15.20
12 S	09.35 22.07	03.41 16.19
13 S	10.22 22.55	04.33 17.09
14 M	11.06 23.39	05.19 17.52
15 D	11.45 –	05.59 18.29
16 M	00.19 12.23	06.34 19.04
17 D	00.56 12.57	07.08 19.37
18 F	01.29 13.28	07.38 20.08
19 S	02.01 14.00	08.07 20.41
20 S	02.35 14.36	08.41 21.16
21 M	03.12 15.12	09.17 21.50

M3: Aus dem Tidekalender für Langeoog

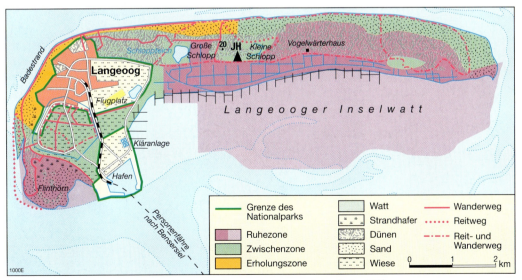

M4: Langeoog – topographische Karte (Erklärung der Zonen siehe Seite 153)

Jens, Eva und Sascha entdecken in den folgenden Tagen die Insel von der Ostspitze bis zum Flinthörn. Sie sind unzertrennlich, obwohl sie ganz unterschiedliche Interessen haben. Jens redet gerne mit Leuten. Er nimmt jede Gelegenheit wahr um sich mit Einheimischen zu unterhalten. Eva lässt keine Muschel oder Pflanze unbeobachtet. Sie interessiert sich für alles, was mit der Natur und dem Naturschutz zusammenhängt. Sascha möchte im nächsten Jahr mit seinen Eltern wiederkommen und registriert deshalb alles, was für Urlauber wichtig ist. Auch du kannst den Interessen der Kinder nachgehen, indem du allein oder in Gruppen die Fragen in den Randspalten beantwortest. Sie gelten für „Insulaner" wie Jens, für „Naturfreunde" wie Eva und „Touristen" wie Sascha oder für alle gemeinsam.

M1: Die Interessen von Jens, Eva und Sascha

Im Gespräch mit Insulanern

Heiko (15 Jahre):
Naja, manchmal würden wir uns schon etwas mehr Abwechslung wünschen. Hier wird zwar enorm viel angeboten. Im „Haus der Insel" läuft fast jeden Abend ein anderes Programm. Aber vieles ist doch nur für die Touristen interessant, zum Beispiel Diavorträge über den Nationalpark Wattenmeer und Wattwanderungen. Eine ordentliche Disco fehlt hier auch, weil die Gäste ab 22.00 Uhr abends ihre Ruhe haben sollen. Und mittags von 13.00 Uhr bis 15.00 Uhr dürfen auch keine Flugzeuge starten und landen.

Karsten (13 Jahre):
Mich nerven die Touristen im Sommer manchmal, vor allem weil meine Mutter dann nur noch für unsere Pensionsgäste Zeit hat. Im Ort kommt man sich während der Saison oft richtig fremd vor, weil man vor lauter Fremden keine Einheimischen mehr sieht. Andererseits bin ich auch froh über den Tourismus. Neulich habe ich mir eine besonders schicke Jeans gekauft. Die hätte ich auf dem Festland vielleicht nicht einmal in Esens oder Wittmund bekommen.

Wiebke (13 Jahre):
Ich bin ein richtiges Inselkind und kann es mir gar nicht vorstellen einmal woanders leben zu müssen. Aber in zwei Jahren, wenn ich die 10. Klasse der Realschule geschafft habe, muss ich mich entscheiden. Denn wenn ich das Abitur machen will, muss ich ins Internat aufs Festland. Vielleicht gehe ich aber auch gleich in eine Lehre. Auf jeden Fall möchte ich einen Beruf erlernen, den ich später hier auf der Insel ausüben kann.

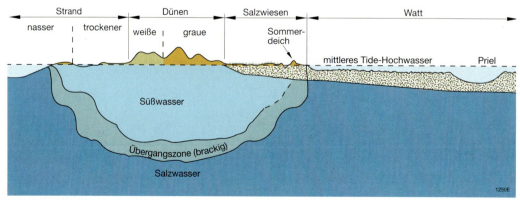

M2: Nord-Süd-Profil durch Langeoog im Bereich der Melkhörndüne

Gemüsefrau:
Tja, hier auf der Insel ist alles etwas teurer. Manchmal muss ich um die Hälfte mehr nehmen als auf dem Festland. Aber schließlich müssen alle Nahrungsmittel erst mit dem Schiff hierher transportiert werden und dafür muss ich auch zahlen. Nur die Backwaren sind täglich frisch von der Insel.

Bauer:
Eigentlich bin ich gar kein Bauer mehr. Die Viehwirtschaft hat sich nicht mehr gelohnt. Die meisten von uns Bauern haben die Landwirtschaft aufgegeben. Ich halte jetzt Pferde: Reitpferde, Kutschpferde und Ponys.

Der Herbergsvater:
Und ob der Müll ein Problem für die Insel ist! Den Unterschied merke ich schließlich schon hier in der Jugendherberge, je nachdem, ob nur eine Gruppe übernachtet oder ob alle 126 Betten belegt sind. Und unsere kleine Inselgemeinde wächst jeden Sommer zu einer Kleinstadt heran! Der eingesammelte Müll wird zunächst zu einer Müllpressstation im Hafen gebracht und dann in Containern auf das Festland gebracht.
Habt ihr auch mal überlegt, woher hier das Trinkwasser kommt? Wo wir doch rundherum von Salzwasser umgeben sind! Anders als Wangerooge und Baltrum hat Langeoog eine inseleigene Wasserversorgung. Das Regenwasser sammelt sich im Untergrund in einer Süßwasserblase. Bisher hat dieser Speicher noch ausgereicht und wenn alle Gäste beim Wassersparen mithelfen, wird es wohl auch in trockenen Sommern keine Engpässe geben.

M3: Der Wasserturm – Wahrzeichen von Langeoog

Gäste	96 092
Übernachtungen	885 035
Betten für Feriengäste	7 500
Gäste pro Tag in der Hauptsaison	ca. 13 000
Einwohner	2 174

M5: Zahlen zum Fremdenverkehr

pro Tag und Kopf	150
davon für:	
Toilettenspülung	49
Baden/Duschen	46
Wäsche waschen	17
Körperpflege	10
Geschirrspülen	9
Gartenbewässerung	8
Kochen, Trinken	3
Sonstiges	8

M6: Durchschnittlicher Trinkwasserverbrauch auf Langeoog (in Liter)

M4: Geschäftsstraße in Langeoog

1. Wie beeinflusst das Inseldasein das Leben und die Versorgung der Einheimischen?

2. Eva, Jens und Sascha haben zu Hause ihre eigenen Vorstellungen von der Insel entwickelt. Welche Erwartungen erfüllen sich für sie? Welche nicht?

3. Welche Einrichtungen sind auf der Insel speziell für Touristen geschaffen worden?

Die Küste als Erholungsraum

M1: Lage von Horumersiel

Hinweise zur Bildauswertung

1. Orientierung

Beantworte zunächst die folgenden Fragen:
Auf welcher Seite im Atlas ist der Ort oder die Landschaft zu finden?
Was ist abgebildet?
Hat das Bild eine Unterschrift? Was sagt sie aus?
Ist das Bild von der Erde oder aus der Luft aufgenommen?
Atlas und/oder Lexikon können dir bei der Beantwortung einzelner Fragen helfen.

2. Beschreibung

Beschreibe die Einzelheiten, die du im Bild erkennst. Überlege dir eine Reihenfolge, die du bei dieser Beschreibung beachtest. Beschreibe zum Beispiel nacheinander den Vordergrund, Mittelgrund, Hintergrund oder sprich nacheinander über die verschiedenen Inhalte, wie zum Beispiel Häuser, umgebende Landschaft, Küste mit Hafen, Badestrand und Campingplatz, Meer mit Watt und Inseln.

Methode: **Der Ferienort Horumersiel – Wir werten ein Bild aus**

„Ein Bild sagt oft mehr als tausend Worte." Der Satz trifft auch auf *M2* zu, vorausgesetzt man bringt das Bild zum „Reden". Schau dir das Bild zunächst in aller Ruhe an. Überlege, was dir dazu einfällt. Entweder du machst dir Stichwörter oder ihr sprecht in der Klasse darüber. Bei dem Bild handelt es sich um ein Schrägluftbild *(siehe auch Seite 16)*. Es zeigt den Ort Horumersiel von schräg oben. Der Ort liegt an der Nordseeküste. Du erkennst Häuser, den Strand, die Landschaft, das Meer und im Hintergrund eine Insel.

Erst wenn du dich über deine Beobachtungen und Einfälle schriftlich oder mündlich geäußert hast, machst du weiter. Beachte jetzt die „Hinweise zur Bildauswertung".

M2: Küstenlandschaft Horumersiel

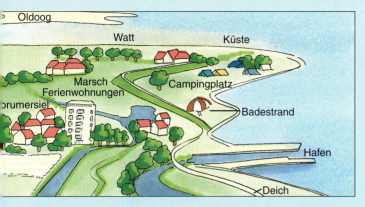

M3: Zeichnung zum Luftbild

3. Erklärung

Stelle Zusammenhänge zwischen den entdeckten Einzelheiten in unserem Bild her, zum Beispiel zwischen Meer und Küste, der Siedlung und den Freizeiteinrichtungen, dem Deich und den Feldern und Weiden. Beispiele: Große und ebene Äcker weisen auf günstige Bedingungen für die Landwirtschaft hin. Deich, Entwässerungsgraben, Watt mit Schlick weisen auf ein Gezeitenmeer hin. Es herrscht gerade Ebbe. Segelschiffhafen, Neubauten (Hotels, Ferienwohnungen) Campingplatz und Badestrand kennzeichen die Küste als Erholungsraum.

4. Zeichnung

Du kannst auch eine Skizze anfertigen. Dabei werden einzelne Teile des Bildes mit wichtigen Inhalten hervorgehoben. Eine solche Skizze zeigt M3. Hier ist der Deich besonders deutlich gezeichnet. Links davon erstreckt sich die Marsch mit Ortschaften. Rechts vom Deich ist das Vorland. Hier sind ein Campingplatz und der Badestrand. Davor erstreckt sich das Wattenmeer bis zur Insel Oldoog.

Nationalpark Wattenmeer

M1: Wattenmeer an der Nordseeküste

Leben im Wattenmeer

Vor der Nordseeküste erstreckt sich mit einer Fläche von etwa 7300 km² die größte zusammenhängende Wattenlandschaft der Welt. Allein in Schleswig-Holstein umfasst das Wattenmeer 2800 km². Die Ausdehnung zwischen dem Festland und der offenen See ist hier besonders groß. Eine Besonderheit sind die Halligen. Das Wattenmeer ist geprägt durch den Wechsel von Ebbe und Flut. Hierbei fallen die Wattflächen abwechselnd trocken und werden wieder überflutet. Sie bilden einen einzigartigen Lebensraum für Pflanzen und Tiere. Ein Besucher sieht zunächst nur eine gleichförmige und fast leblose Fläche. Das ist kein Wunder, denn ein Großteil des Lebens spielt sich im Wattboden ab. Hier leben nur wenige Tierarten wie zum Beispiel Sandwürmer, Muscheln und Schnecken. Diese wenigen Tierarten sind jedoch sehr zahlreich vertreten. So hat man von der kleinen Wattschnecke bis zu 300 000 Tiere pro Quadratmeter gefunden. Der Boden des Wattenmeeres enthält zehnmal so viel „Lebendmasse", wie der Boden der offenen Nordsee. Daher ist das Watt ein wichtiges Nahrungsgebiet für viele andere Tierarten. Man unterscheidet Ebbegäste und Flutgäste. Bei Ebbe werden die trockengefallenen Wattflächen von Tausenden von Vögeln aufgesucht. Im Sommer überwiegen die in der Nähe brütenden Küstenvögel, wie zum Beispiel die Seeschwalbe. Im Frühjahr und Herbst kommen riesige Schwärme von Gastvögeln dazu, wie zum Beispiel Ringelgänse und Enten. Ihr Einzugsgebiet reicht von Alaska bis Sibirien.

Über 2,1 Millionen Vögel, so zum Beispiel Watvögel, Gänse, Enten und Möwen wurden zwischen August und Oktober gezählt. Sobald das Wasser abläuft, suchen die Seehunde ihre Sandbänke auf. Nur hier werden die Jungen bei Ebbe geboren und folgen ihrer Mutter bereits bei der nächsten Flut ins Wasser. Mit dem Hochwasser kommen die Flutgäste. Es sind vor allem Bodenkrebse, wie zum Bei-

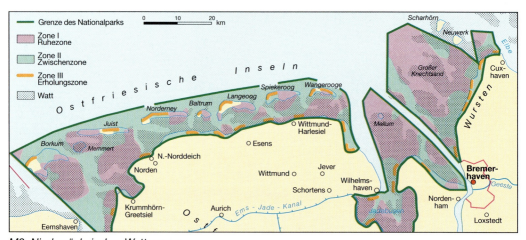

M2: Niedersächsisches Wattenmeer

① Seeschwalbe
② Austernfischer
③ Garnele
④ Strandkrabbe
⑤ Scholle
⑥ Miesmuscheln mit Seepocken
⑦ Herzmuschel
⑧ Tellmuschel
⑨ Sandklaffmuschel
⑩ Wellhornschnecke
⑪ Pierwurm
⑫ Bäumchenröhrenwurm
⑬ Wattringelwurm
⑭ Rochen-Ei

M3: Lebensraum Watt

spiel die Strandkrabbe, und Bodenfische, wie zum Beispiel Flunder, Scholle, Seezunge, Hering und Aal. Vor allem die Jungtiere kommen zur Nahrungssuche hierher. Das Watt ist die „Kinderstube" vieler Fischarten der Nordsee.

M4: Seehund auf einer Sandbank

Biologische Besonderheiten im Wattenmeer

– Im Wattenmeer brüten, fressen und rasten Millionen von Vögeln. Es ist eins der vogelreichsten Gebiete der Erde.
Das Wattenmeer ist die „Kinderstube" wichtiger Speisefische wie Scholle und Seezunge. Hier wachsen sie auf.
– Das Wattenmeer ist der wichtigste Lebensraum der Seehunde.
– Im Wattenmeer leben 250 Tierarten, die an keiner anderen Stelle der Welt vorkommen.

1. Nenne drei Staaten, die Anteil am Wattenmeer der Nordseeküste haben *(Atlas, Karte: Deutschland - physisch)*.

2. a) Miss die Ausdehnung des Wattenmeeres zwischen der Küste bei Husum und Süderoogsand *(S. 152 M1, Atlas, Karte: Hamburg/Schleswig-Holstein – physisch)* und schreibe das Ergebnis auf.
b) Überprüfe die Aussage: Die Ausdehnung des Wattenmeeres zwischen der Küste und der offenen See ist in Schleswig-Holstein besonders groß *(Atlas, Karte: Deutschland – physisch)*.

3. Warum ist das Wattenmeer ein wichtiges Nahrungsgebiet für viele Tierarten?

4. Unterscheide: Ebbegäste - Flutgäste *(Text)*.

5. Warum sind die Sandbänke im Wattenmeer für die Seehunde wichtig *(Text und M4)*?

6. Welche Bedeutung hat das Wattenmeer für Gastvögel?

1. Schreibe einen Bericht über den „Nationalpark Niedersächsisches Wattenmeer" oder den „Nationalpark Schleswig-Holsteinisches Wattenmeer". Erläutere zunächst die biologischen Besonderheiten des Wattenmeers (S. 150/151). Beschreibe dann die verschiedenen Schutzzonen (M1). Beachte folgende Stichwörter: Lage, Schutzbestimmungen für Pflanzen und Tiere, Nutzungsmöglichkeiten der Menschen. Dieser Teil deines Berichts könnte folgendermaßen beginnen: „Zone I ist die Ruhezone. Hier sind … "

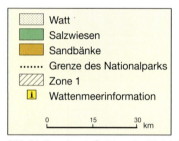

M1: Nationalpark Schleswig-Holsteinisches Wattenmeer

M2: Nutzungskonflikte im Wattenmeer

Das Wattenmeer ist bedroht

Zwei Millionen Menschen verbringen allein in Schleswig-Holstein jedes Jahr ihren Urlaub an der Küste. Sie geben zusammen mit den Tagestouristen etwa eine Milliarde DM aus. Aber sie schädigen auch den Lebensraum Wattenmeer. Abfälle werden gedankenlos weggeworfen. Rücksichtslose Wanderer und Bootsfahrer stören die Tiere bei der Aufzucht ihrer Jungen.

Aus manchen Gemeinden und Industriebetrieben gelangen Abwässer über die Flüsse ins Wattenmeer. Große Öllachen von Tankerunfällen oder von Unglücken auf Bohrinseln können schlimme Folgen haben. Eine Ölpest kann kilometerlang Strände und Küsten verschmutzen. Viele Seevögel sterben, weil ihr Gefieder mit Öl verschmiert ist. Unterschiedliche Menschen und Gruppen haben verschiedene Ansprüche an das Wattenmeer. Das kann zu **Nutzungskonflikten** führen.

Das Wattenmeer wird geschützt

Das Land Niedersachsen hat ebenso wie das Land Schleswig-Holstein große Teile des Wattenmeeres unter Schutz gestellt. 1985 entstand der **Nationalpark** *(s.S. 150 M1, M2)*. In ihm gibt es verschiedene **Schutzzonen**: Die Ruhezone (Zone I) hat die strengsten Bestimmungen. Sie darf weder betreten noch mit Booten befahren werden. Sie umfasst die Brutgebiete der Vögel in den Dünen und im Watt sowie die Ruheplätze der Seehunde auf den Sandbänken. Die Zwischenzone ist weniger streng geschützt. Wattwandern und Bootfahren sind erlaubt. Hotels, Badestrände und Freizeiteinrichtungen findet man außerhalb des Nationalparks und zum Teil in der Erholungszone.

> **i Salzwiese**
>
> Salzwiesen sind über der Hochwasserlinie gelegene Flächen, die nur selten, insbesondere im Winterhalbjahr bei Sturmfluten, von Salzwasser bedeckt werden. Im Gegensatz zum Watt finden wir hier eine geschlossene Pflanzendecke, die zumeist aus Salzpflanzen besteht, wie z.B. Andelgras und Strandflieder. Die Salzwiesen gehören zu den wichtigsten Brutgebieten der Küstenvögel und sind Rastgebiete der Gastvögel.

M3: Fischsterben durch verschmutztes Meerwasser

2. a) Welche Nutzungen im Wattenmeer kannst du auf *M2* erkennen? Lege eine Liste an.
b) Beschreibe einen Konflikt, der durch zwei unterschiedliche Nutzungen des Wattenmeeres entsteht *(M2)*.

3. Nenne mögliche Ursachen für die Wasserverschmutzung, die das Fischsterben in *M3* ausgelöst hat.

4. Schreibe ein Merkblatt, wie sich die Menschen im Nationalpark Wattenmeer verhalten sollten.

Planung einer Reise

Peter (36), Ulrike (31) und Tina (10) Hansen möchten in den Sommerferien für zwei Wochen nach Mallorca reisen. Sie holen sich einen Katalog im Reisebüro, studieren ihn und rechnen die Kosten der Reise aus.

Sie haben das Hotel Riu Playa Park und die Appartementanlage Biarritz in die engere Wahl gezogen. Das Appartement besteht aus Schlafzimmer, Wohnraum mit Kochnische und Bad. Im Hotel können sie ein Doppelzimmer mit Zustellbett mieten. Im Preisteil des Katalogs erfahren sie mehr. Das Hotel und die Appartementanlage haben jeweils drei Sterne. Das bedeutet „Mittelklasse". Je mehr Sterne, desto komfortabler und teurer ist eine Anlage.

Familie Hansen entscheidet sich für Halbpension; also muss sie in der Zeile HP nachsehen.

Die Buchstaben über dem Preisteil geben die Reisezeit an, die Zahlen die Wochen. Im Katalog sind die Abflugtermine und Reisezeiten angegeben. Familie Hansen will am 16. Juli abfliegen, das ist Reisezeit D. Also schaut sie in der Spalte D bei 2 Wochen nach, wie hoch die Kosten in dieser Zeit sind. Der Preis gilt pro Person.

Familie Hansen entscheidet sich für das Hotel.

Herr Hansen rechnet:

Appartement:
3 Personen für 1512 DM
3 · 1512 DM = 4536 DM
Hotel:
2 Personen für 1462 DM
2 · 1462 DM = 2924 DM

Tina Hansen kann im Hotel auf einem Zustellbett im Zimmer der Eltern schlafen. Dadurch ermäßigt sich der Reisepreis. Die Ermäßigung ist in Prozent angegeben. In diesem Fall beträgt sie 50 %, also die Hälfte des Erwachsenenpreises. Herr Hansen rechnet den Preis für Tina hinzu:

1462 DM : 2 = 731 DM
2924 DM + 731 DM = 3655 DM

1. Berechne den Reisepreis (2 Wochen, Reisezeit D) für eine andere Familie (2 Erwachsene, 2 Kinder). Sie benötigt 2 Zimmer im Hotel Riu Playa Park mit Vollpension (keine Kinderermäßigung).

Zeichenerklärung

BD Bad	**WO** Wohnzimmer mit Kochnische	**HP** Halbpension (Frühstück und Mittag- oder Abendessen)	**App.** Appartement
WC Toilette	**MB** Meeresblick	**VP** Vollpension (Frühstück, Mittag- und Abendessen)	**3** 3 Personen
BK Balkon	**ÜF** Übernachtung mit Frühstück		**2** 2 Personen

Flugtage, Reisezeiten								C			D			E	
								1	2	3	1	2	3	2	3
	Appartements Biarritz ☆☆☆														
	BD/WC/WO/BK/MB	App.	3	ÜF				892	1252	1612	922	1312	1702	1452	1912
	BD/WC/WO/BK/MB	App.	3	HP				992	1452	1912	1022	1512	2002	1642	2179
Juli	**Hotel Riu Playa Park** ☆☆☆														
Frankfurt 2 9 16 23 30	BD/WC/BK	Doppel	2	HP	❶			992	1462	1932	922	1462	1932	1602	2142
C E D D D	BD/WC/BK	Doppel	2	VP	❶			1042	1562	2082	1047	1572	2097	1702	2292
	❶ Ermäßigung für 1 Kind 2–11 Jahre im Zustellbett bei 2 Vollzahlern							50%			50%			50%	

Touristische Regionen

Das Wichtigste kurz gefasst

Ferien und Freizeit in Deutschland
Erholung und Abwechslung findet man in der arbeitsfreien Zeit. Dabei nutzt man häufig bestimmte Freizeiteinrichtungen. Das Freizeitverhalten hängt vom Alter und den Vorlieben ab.

Die Alpen – ein Spielplatz Europas
Die Alpen sind im Sommer und im Winter ein wichtiges Ziel für den Fremdenverkehr. Zahlreiche Einrichtungen (Hotels, Lifte, Bergbahnen, usw.) wurden für die Gäste geschaffen. Die Bewohner der Alpen erhielten neue Verdienstmöglichkeiten, der Naturraum jedoch wurde belastet. Für Skipisten wurden große Waldflächen gerodet. Dies führte zu einer größeren Lawinengefahr.

Fallstudie Skitourismus – Garmisch-Partenkirchen
Garmisch-Partenkirchen ist ein bekanntes Feriengebiet. Im Winter stehen den Gästen 115 km Abfahrtspisten und 150 km Langlaufloipen zur Verfügung. Liegt nicht genügend Schnee, werden Schneekanonen eingesetzt. Die Folgen für die Pflanzen- und Tierwelt sind verheerend.

Die Berge müssen Atem holen
Um die Folgen des Massentourismus für die Alpen zu verringern setzten immer mehr Gemeinden auf den sanften Tourismus. Ein Umweltzeichen erhalten Gemeinden, die sich für diese Art des Tourismus einsetzen. Es ist eine Art Gütesiegel für einen umweltgerechten Tourismus.

Wetter und Klima
Wetterkundler beobachten und messen täglich die Bausteine des Wetters: Sonnenscheindauer, Bewölkung, Temperatur und Niederschlag, Wind und Luftdruck. Die Mittelwerte der Aufzeichnungen über mindestens 30 Jahre ergeben das Klima eines Ortes.

Ferien im Schwarzwald
Der Schwarzwald ist ein wichtiges Erholungs- und Naherholungsgebiet. Touristen kommen nicht nur in den Ferien, sondern insbesondere auch an den Wochenenden.

Langeoog – eine Welt im Kleinen
Langeoog ist eine besonders vielseitige Ferieninsel an der Nordseeküste. Sie gilt als Sommerinsel, Familieninsel und Fitness-Insel.

Die Küste als Erholungsraum
Küste und Inseln in Norddeutschland sind beliebte Urlaubsziele. Viele Orte wurden durch die Anlage von Stränden, Campingplätzen, Ferienwohnungen und Hotels zu Fremdenverkehrsorten ausgebaut.

Nationalpark Wattenmeer
Das Wattenmeer mit seiner einzigartigen Pflanzen- und Tierwelt muss erhalten bleiben. Fremdenverkehr, Schifffahrt und Industrie gefährden diesen Lebensraum. Deshalb wurde das Wattenmeer zum Nationalpark erklärt. Hier werden Pflanzen und Tiere besonders geschützt.

Grundbegriffe

Bannwald
Erosion
Mure
sanfter Tourismus
Wetter
Klimadiagramm
Nutzungskonflikt
Nationalpark Wattenmeer
Schutzzone

Minilexikon
Erklärung wichtiger Begriffe

Anziehungskraft (Seite 61)
Alle Körper ziehen sich gegenseitig an. Die Anziehungskraft eines Körpers ist von dessen Masse abhängig: die größere Masse hat die größere Anziehungskraft zur Folge.

Äquator (Seite 9)
Er ist der längste Breitenkreis (40076,59 km) und teilt die Erde in eine Nord- und eine Südhalbkugel.

Asche (Seite 46)
Verbrennungsrückstand, der bei einem Vulkanausbruch in großen Mengen ausgestoßen wird.

Automatisierung (Seite 75)
Darunter versteht man, dass ein Betrieb, z.B. ein Bauernhof, mit Maschinen ausgestattet ist. Sie verrichten zahlreiche Arbeiten ohne menschliche Hilfe, z.B. auf Knopfdruck oder Befehl eines Computers hin.

Bannwald (Seite 134)
Bannwald nennt man eine natürliche oder künstlich angelegte Waldfläche im Gebirge an steilen Hängen. Der Bannwald soll die Entstehung von Lawinen verhindern und Lawinen abfangen, die Täler bedrohen.

Binnenmeer (Seite 6)
fast vollständig von den Weltmeeren abgetrennter Meeresteil (z.B. Ostsee).

Bombe (Seite 46)
Lavafetzen, der aus einem Vulkan ausgeworfen wurde. Das glühende Gesteinsmaterial bläht sich im Flug auf und zerplatzt beim Aufschlag wie eine Bombe.

Börde (Seite 76)
Die fruchtbaren, meist mit → Löss bedeckten Landschaften am Nordrand der deutschen Mittelgebirge heißen Börden. Hier gedeihen anspruchsvolle Pflanzen, wie Zuckerrüben und Weizen, die hohe Erträge bringen.

Braunkohle (Seite 86)
Der Name dieser Kohle stammt von ihrer Farbe. Braunkohle entstand in Millionen von Jahren aus abgestorbenen Pflanzen. Die Braunkohle in Deutschland ist nicht so alt wie die → Steinkohle und liegt nicht so tief unter der Erdoberfläche. Bei uns kann sie im → Tagebau abgebaut werden. Sie enthält viel Wasser und brennt daher nicht so gut wie → Steinkohle.

Breitenkreis (Seite 9)
Breitenkreise werden vom → Äquator aus nach Norden und Süden von 0° bis 90° gezählt. Sie verlaufen immer parallel zum Äquator und verbinden die Punkte auf der Erde, die die gleiche geographische Breite haben.

Dauergrünland (Seite 72)
ausschließlich als Wiese und Weide, einschließlich Mähweide, genutztes Land.

Dienstleistungsbetrieb (Seite 112)
Betriebe und Einrichtungen, die ihren Kunden bestimmte Dienste anbieten, so z.B. eine Arztpraxis, eine Bank oder eine Gaststätte, aber auch eine Versicherung oder eine Universität nennt man zusammenfassend Dienstleistungsbetriebe.

Diktatur (Seite 117)
Staatliche Herrschaftsform; zumeist Gewaltherrschaft einer Minderheit über die Mehrheit eines Volkes.

Erdbeben (Seiten 48 ff.)
Erdbeben sind Erschütterungen der Erdoberfläche. Sie werden durch erdinnere Kräfte ausgelöst.

Eiszeit (Seiten 24, 76)
Viele Jahrtausende dauernde Ausdehnung von Eismassen (Gletschern) auf der Erde. Die Durchschnittstemperaturen lagen während dieser Zeit weit unter den heutigen Werten. Während der letzten Eiszeit (70 000 bis 10 000 J.v.H.) waren weite Teile des Norddeutschen Tieflandes von einer bis zu 2 km dicken Eisdecke bedeckt.

Erosion (Seite 134)
Abtragung von Boden und/oder Gestein, die durch Fließgewässer, Meer, Eis oder Wind verursacht wird.

Fliehkraft (Seite 61)
Je schneller sich beispielsweise ein Kettenkarussell dreht, umso weiter und höher bewegen sich die Sitze im Kreis herum. Diese bei jeder Drehbewegung auftretende Kraft nennt man Fliehkraft.

Fruchtwechsel (Seite 76)
Anbausystem in der Landwirtschaft, bei dem Halm- und Blattpflanzen im Wechsel angepflanzt werden, wie z.B. Getreide und Zuckerrüben. Dadurch laugt der Boden nicht aus.

Gezeiten (Seite 60)
Das regelmäßige Heben und Senken des Meeresspiegels an der Küste nennt man Gezeiten. Das Ansteigen des Wassers heißt Flut. Das Sinken heißt Ebbe. Ebbe und Flut dauern zusammen zwölf Stunden und 25 Minuten.

Gradnetz (Seite 9)
System von → Längen- und → Breitenkreisen, das der Ortsbestimmung auf der Erde dient.

Grundriss (Seite 17)
Alle linien- und flächenförmigen Gebilde einer → Karte bilden den Grundriss eines Gebietes. Hierzu zählen Grenzen, Flüsse,

Straßen, Siedlungen, Wälder, Wiesen, Äcker.

Hauptstadt (Seite 118)
In der Hauptstadt eines Landes haben die Regierung und/oder das Parlament ihren Sitz. Häufig ist die Hauptstadt auch die größte Stadt des Landes (zum Beispiel Paris, London, Berlin). Die Hauptstadt ist zumeist auch das kulturelle und wirtschaftliche Zentrum eines Landes.

Höhenlinie (Seite 22)
Eine Höhenlinie verbindet auf einer → Karte alle Punkte in gleicher Höhe über dem Meeresspiegel. Mithilfe von Höhenlinien werden die Oberflächenformen (Berge und Täler) einer Landschaft bzw. deren Relief dargestellt. Je enger die Höhenlinien nebeneinander liegen, umso steiler ist der Berg.

Höhenschicht (Seite 22)
Wenn man die Flächen zwischen je zwei → Höhenlinien auf Karten farbig ausmalt, erhält man Höhenschichten. Die Oberflächenformen (Berge und Täler) werden dadurch sehr anschaulich. Die Farbe wechselt mit zunehmender Höhe von grün über gelb, hellbraun bis dunkelbraun.

Humus (Seite 77)
nährstoffreiche, dunkelfarbige Schicht des Oberbodens. Sie entstand aus zersetzten Pflanzenresten und ist für die Bodenfruchtbarkeit ausschlaggebend.

Iglu (Seite 40)
Aus Schneeblöcken errichtetes rundes Kuppelhaus der Inuit.

Inkohlung (Seite 88)
Bezeichnung für die langsame, unter Druck und Luftabschluss stattfindende Umwandlung von Pflanzenresten in Kohle.

Karte (Seite 17)
Eine Karte ist ein wichtiges Hilfsmittel um sich im Gelände zu orientieren. Sie zeigt einen größeren oder kleineren Ausschnitt. Die Landschaft ist hierbei senkrecht von oben abgebildet und stark vereinfacht.

Alles was sich bewegt und viele Einzelheiten sind weggelassen. Städte, Flüsse und Gebirge sind mit verschiedenen Farben und Kartenzeichen dargestellt. Zur besseren Orientierung sind auch Namen eingetragen.

Klimadiagramm (Seite 141)
Zeichnerische Darstellung von Temperatur und Niederschlag eines Ortes. Es werden die Durchschnittstemperatur und der durchschnittliche Niederschlag je Monat und Jahr in °C und mm gezeichnet.

Klimazone (Seite 36)
Große Region auf der Erde, in der ein ähnliches Klima herrscht, d.h. ähnliche Temperaturen, Niederschläge, Windverhältnisse usw.

Kohlekrise (Seite 95)
Absatzrückgang der Steinkohlenförderung infolge der günstigen Erdölpreise seit Ende der fünfziger Jahre, verbunden mit Zechenstilllegungen.

Kompass (Seite 19)
Instrument zur Bestimmung der Himmelsrichtung.

Landschaftsgürtel (Seite 38)
Breitenparallel angeordnete Gebiete mit ähnlichen klimatischen Bedingungen und ähnlichen Vegetationsformen.

Längenkreis (Seite 9)
Teil des Gradnetzes der Erde. Die Längenkreise verlaufen in N-S-Richtung und schneiden die → Breitenkreise im rechten Winkel. Es gibt 180. Ein Längenkreis wird in zwei sich auf der Erdkugel gegenüberliegende Meridiane (Halbkreise) geteilt. Der Null-Meridian verläuft durch Greenwich bei London. Man unterscheidet 180 Meridiane westlicher und 180 Meridiane östlicher Länge.

Lava (Seite 46)
Bezeichnung für den aus einem → Vulkan ausströmenden, glutflüssigen, meist über 1000 °C heißen Gesteinsbrei. Solange sich der Gesteinsbrei im Erdinnern befindet, nennt man ihn → Magma.

Löss (Seite 76)
Eiszeitliche Windanwehungen von fein zerriebenem Gesteinsmehl. Der daraus entstandene Lössboden ist besonders fruchtbar (meist tiefgründig, locker und er kann schwammartig Wasser speichern).

Magma (Seite 46)
Gashaltiger, glutflüssiger Gesteinsbrei im Erdinnern. Sobald er an die Erdoberfläche tritt, nennt man ihn → Lava.

Massentierhaltung (Seite 74)
Bei der Massentierhaltung werden oft Tausende von Tieren (z.B. Schweine, Puten, Hühner) in einem landwirtschaftlichen Betrieb gehalten. Dieser Betrieb ist in der Regel stark automatisiert und mechanisiert um die anfallenden Arbeiten (z.B. Füttern, Entmisten usw.) schnell erledigen zu können.

Messe-Privileg (Seite 116)
Im Mittelalter verliehenes Vorrecht für Städte zur Austragung von Messen.

Montanindustrie (Seite 94)
gemeinsame Bezeichnung für die Eisen- und Stahlindustrie sowie für den Steinkohlenbergbau (mit angeschlossenen Kokereien und Brikettfabriken).

Mure (Seite 134)
Bezeichnung für einen Strom aus Schlamm, Boden, Schutt und Gestein im Hochgebirge, der sich besonders nach Regenfällen und Schneeschmelzen plötzlich ins Tal bewegt.

Mustermesse (Seite 117)
Während bei einer Verkaufsmesse die ausgestellten Waren direkt erworben werden können, werden bei einer Mustermesse nur „Muster" bzw. einzelne Ausstellungsstücke gezeigt. An- und Verkauf werden über Lieferverträge geregelt.

Nationalpark Wattenmeer (Seite 153)
Die Länder Niedersachsen und Schleswig-Holstein haben Teile des Wattenmeeres an der Nordseeküste zum Nationalpark erklärt. Tiere und Pflanzen in diesem Gebiet sind besonders geschützt. Die Eigenart der Natur soll erhalten bleiben.

Nipptide (Seite 61)
Schwach ausfallendes Hochwasser (Flut). Tritt auf, wenn Sonne, Mond und Erde in einem rechten Winkel zueinander stehen. Die → Anziehungskräfte von Mond und Sonne wirken dann in unterschiedliche Richtungen und heben sie so teilweise auf.

Nutzungskonflikt (Seite 152)
Unterschiedliche Nutzungen in einem Gebiet können zu Problemen und Auseinandersetzungen zwischen den Beteiligten führen. Dann spricht man von einem Nutzungskonflikt.

Öffentlicher Personennahverkehr (ÖPNV) (Seite 70)
Der Öffentliche Personenverkehr (ÖPNV) dient dem Transport von Personen mit öffentlichen Verkehrsmitteln (z.B. Straßenbahn, U-Bahn, S-Bahn, Taxi, Bus) innerhalb von Städten und zwischen Städten und ihrem → Umland.

ökologischer Landbau (Seite 70)
Bauern, die ökologischen Landbau betreiben, wollen verhindern, dass sich im Boden, in den Pflanzen und im Fleisch der Tiere zu viele chemische Rückstände ansammeln. Sie benutzen keine chemischen Spritzmittel und verwenden nur natürlichen Dünger, wie z.B. Stallmist. Sie bemühen sich außerdem, den Boden möglichst schonend zu bearbeiten. Ihre Produkte sind teurer als Produkte herkömmlich geführter Betriebe.

Ostblock (Seite 117)
Unter dem Begriff Ostblock wurden die östlich der Bundesrepublik Deutschland gelegenen Staaten bezeichnet, die im Herrschaftsbereich der Sowjetunion (wichtigster Nachfolgestaat: Russland) lagen (DDR, Polen, Tschechoslowakei, Ungarn, Rumänien, Bulgarien).

Petrolchemie (Seite 91)
chemische Industrie, die als → Rohstoff für ihre Produktion Erdöl verarbeitet (nicht zu verwechseln mit Petrochemie, einem Wissenschaftsbereich, der sich mit der chemischen Zusammensetzung von Gesteinen befasst).

physische Karte (Seite 22)
Die physische Karte enthält u.a. Landhöhen (Farbgebung in Grün und Braun), Oberflächenformen (Schummerung), Höhenangaben, Orte, Verkehrslinien, Grenzen sowie Einzelzeichen (Berg, Stausee, Kirche u.a.).

Planet (Seite 6)
Himmelskörper, der sich auf einer Umlaufbahn um die Sonne bewegt. Er leuchtet nicht selbst, sondern nur im Licht der Sonne. Die Sonne hat neun Planeten.

Randmeer (Seite 60)
Meeresteil, der überwiegend von Land umschlossen ist und nur einen mehr oder weniger schmalen Zugang zu einem Ozean hat oder der vom Ozean durch eine Inselgruppe getrennt ist (z.B. Nordsee), auch Nebenmeer genannt.

Rekultivierung (Seite 87)
Wiedergewinnung von Ackerland und Forstflächen, von Erholungsgebieten und Siedlungsräumen in ehemaligen Tagebaulandschaften.

Richterskala (Seite 49)
Messskala, die bei einem → Erdbeben die Stärke der Erschütterungen misst. Sie ist nach ihrem Erfinder benannt, dem Amerikaner Charles Francis Richter. Die Richterskala ist „nach oben hin offen", da man keine Höchstgrenze für die Stärke eines Erdbebens voraussagen kann.

Rohstoff (Seite 90)
Ein Rohstoff ist ein unverarbeiteter Stoff, so wie er in der Natur vorkommt. Um Rohstoffe nutzen zu können, müssen sie oft erst weiterverarbeitet werden.

sanfter Tourismus (Seite 138)
Fremdenverkehr, der die Umwelt möglichst wenig belastet und auf Leben und Kultur der einheimischen Bevölkerung Rücksicht nimmt.

Schichtvulkan (Seite 46)
Meist kegelförmiger, steilflankiger → Vulkan. Er besteht aus abwechselnden → Lava- und Aschenschichten.

Schrägluftbild (Seite 17)
Aus dem Flugzeug schräg nach unten aufgenommenes Bild.

Schutzzone (Seite 153)
Der → Nationalpark Wattenmeer ist in verschiedene Schutzzonen eingeteilt. Am Stärksten geschützt sind die Brutgebiete der Vögel und die Sandbänke, auf denen die Jungen der Seehunde geboren werden. Diese Schutzzone darf von Menschen nicht betreten werden.

Schwarzerde (Seite 76)
durch hohen Gehalt an → Humus schwarz gefärbter Steppenboden, der sehr fruchtbar ist.

Senkrechtluftbild (Seite 17)
Aus dem Flugzeug senkrecht nach unten aufgenommenes Bild.

Sonne (Seite 6)
Der zentrale Stern unseres Sonnensystems, um den sich die Planeten auf Umlaufbahnen bewegen.

Sonnensystem (Seite 6)
Die Sonne mit ihren Planeten und deren Trabanten. Unser Sonnensystem umfasst neun Planeten mit 31 Monden.

Springtide (Seite 61)
Besonders hohe Flut infolge der Stellung von Sonne, Mond und Erde. Stehen diese in einer Linie, so addieren sich ihre → Anziehungskräfte und die Flut wird verstärkt (→ Nipptide).

Standortfaktor (Seite 106)
Wenn ein Betrieb sich an einem bestimmten „Standort" ansiedelt, so sind dafür bestimmte Gründe ausschlaggebend, zum Beispiel vorhandene Arbeitskräfte, gute Verkehrsanbindung usw. Die Gründe, die für oder gegen den Standort sprechen, werden Standortfaktoren genannt.

Steinkohle (Seite 92)
Sie entstand aus abgestorbenen Pflanzen unter Luftabschluss, ist aber in Deutschland etwa zehnmal so alt wie die → Braunkohle. Steinkohle brennt wesentlich besser, weil sie weniger Wasser enthält. Sie liegt bei uns so tief unter der Erde, dass man sie nur im Untertagebau abbauen kann.

Streb (Seite 92)
Abbauraum von unterirdischen Lagerstätten, z.B. im Steinkohlenbergbau.

Sturmflut (Seite 58)
Eine Sturmflut ist eine Flut, die durch besonders starke Winde (Stürme) höher an der Küste aufläuft als gewöhnlich. Bei Sturmflut können die Halligen überflutet werden. Bei besonders schweren Sturmfluten können Deiche brechen. Dann wird das Hinterland überflutet.

Tagebau (Seite 86)
eine Art des Bergbaus, bei dem nutzbare Bodenschätze von der Erdoberfläche aus gewonnen werden.

Technologiepark (Seite 96)
Spezialform eines Industrieparks. Die im T. angesiedelten Betriebe haben überwiegend die Zielsetzung der Erweiterung technischen Wissens bzw. technischer Produktionsverfahren, z.B. im Bereich der Mikroelektronik.

thematische Karte (Seite 22)
Auf einer thematischen Karte wird ein bestimmtes Thema dargestellt, z.B. Bevölkerungsdichte oder Wirtschaft. Dabei werden Signaturen und Farben verwendet, die in der Legende erklärt sind.

Tornado (Seite 57)
Wirbelsturm in Nordamerika, der sich durch das Aufeinandertreffen warmer und kalter Luft bilden kann.

Trabant (Seite 6)
Der Mond ist ein Trabant der Erde. Monde sind nicht selbstleuchtende Himmelskörper, die sich in einer Umlaufbahn um einen → Planeten bewegen.

Tsunami (Seite 56)
extrem hohe Welle von großer Energie und Zerstörungskraft, die am Meeresboden durch Vulkanausbruch oder Erdbeben ausgelöst wird.

Umland (Seite 80)
Das Umland ist das Gebiet um eine Stadt. Von hier aus fahren viele Menschen jeden Morgen in die Stadt, um zu arbeiten, einzukaufen oder zur Schule zu gehen. Man spricht daher auch vom Einzugsgebiet einer Stadt. Je größer eine Stadt ist, desto größer ist auch das Umland.

Verdichtungsraum (Seite 28)
Ein Verdichtungsraum ist ein Gebiet, in dem besonders viele Menschen auf engem Raum („verdichtet") leben. Hier gibt es viele Arbeitsplätze und ein gut ausgebautes Verkehrsnetz.

Verhüttung (Seite 94)
Ausschmelzen von Metallen aus Erzen unter hohen Temperaturen.

Verkehrsknotenpunkt (Seite 112)
Ort, an dem mehrere Verkehrswege (Eisenbahnen, Straßen) zusammentreffen.

Viehwirtschaft (Seite 72)
Wichtiger Zweig der Landwirtschaft, zu dem Haltung, Nutzung und Züchtung von Vieh gehört.

Vulkan (Seite 46)
Kegel- oder schildförmige Erhebung, die durch den Austritt von → Magma, Asche, Gesteinsbrocken und Gasen aus dem Erdinneren entsteht.

Weltstadt (Seite 118)
meist Millionenstadt mit internationaler Bedeutung in der Wirtschaft, der Kultur und oft auch in der Politik.

Wetter (Seite 140)
Wetter nennt man das Zusammenwirken von Temperatur, Luftdruck, Wind, Bevölkung und Niederschlag zu einem bestimmten Zeitpunkt. Man beobachtet und misst das Wetter in den Wetterstationen. Das Wetter ändert sich bei uns nahezu täglich.

Windrose (Seite 19)
Zeichnerische Darstellung der Himmelsrichtungen.

Wirbelsturm (Seite 57)
Über Meeresgebieten mit Wassertemperaturen von mehr als 26 °C bilden sich durch starke Verdunstung tropische Wirbelstürme. In der aufsteigenden Luft entstehen Wolken, die sich mit hoher Geschwindigkeit um das windstille und wolkenfreie ‚Auge' drehen. Tropische Wirbelstürme können erhebliche Schäden verursachen.

Bildquellen
action press, Hamburg: 59.3 (Siefert); Anthony, Starnberg: 72.2 (Fuchs-Hauffen); Archiv für Kunst und Geschichte (AKG), Berlin: 8.2, 125.2; Arena-Verlag, Würzburg (aus dem Titel „Die Entdecker"): 12 u. 14 (Randspalte), 14.1, 15.3; Arend, J., Hamburg: 147.3 u. 4; argus Fotoarchiv, Hamburg: 100.1 (Frischmuth), 100.2; Autonome Provinz Bozen, Amt für Naturparke, I-Bozen: 139.4; Bauamt für Küstenschutz, Norden: 63.5; Bavaria, Gauting: 53.3 (Knipping); Berger, P., Leipzig: 98; Bettman Archive, New York: 50.1; Bioland, Bordesholm: 71.3; Böttcher/Sander, Berlin: 70.2; Budig, F., Rhauderfehn: 24.2; Circus Fliegenpilz: 24.1; CMA, Bonn: 76.3 u. 4; Colditz, M., Halle: 101.4; debis Gesellschaft für Potsdamer Platz Projekt und Immobilienmanagement/Next Edit GmbH, Berlin: 123.4; Deutsche Bahn AG, Leipzig: 117.3 (BME); Deutsche Luftbild, Hamburg: 16.1, 26.2, 62,2, 144.2, 148/149.2; dpa, Frankfurt: 48.2, 51.3, 52.2 (Gutberlet); DLR, Oberpfaffenhofen: 4/5; Droemer Knaur, München: 12.1, 13.3; Druwe/Polastri, Photostudio, Weddel: 132.1; Engelmann, D., Dortmund: 108.1; Falk-Verlag, Hamburg: 18.1; Flughafen Frankfurt/M.: 114.1, 115.4; Focus, Hamburg: 42.2 u. 3 (Manaud); Gartung, W., Freiburg: 43.4 u. 5, 35; Gebhardt, K.-H., Wangen: 73.3 (König); Gerster, G., Zumikon/Schweiz: 49.4; Gesamtverband des deutschen Steinkohlenbergbaus, Essen: 92.2, 93.3; Griese, D., Hannover: 107.2; Harrer, H., FL-Vaduz: 134 unten; Herbert, Ch.W., Tucson: 55.3; Huber Bildarchiv, Garmisch-Partenkirchen: 130/131; IFA, Frankfurt/München: 40.1 (P.A.N.), 63.3 (Eckhardt), 96.1 (Manheim), 125.4 (Graf), 153.3 (Amadeus); IMA, Hannover: 74.2, 82.2 - 5; Kelley, W. (Hrsg.): Der Heimatplanet. Frankfurt 1989, hintere Umschlagseite: 6.1; Klaer, W., Mainz: 38.2 g u. i; Kreuzberger, N., Lohmar: 142.2; Kurverwaltung Garmisch-Partenkirchen: 136/137.2; Lade, Frankfurt/M.: 110/111; Leipziger Messe GmbH, Leipzig: 116.2 (Kober); Lüttecke, J., Münster: 105.4; Mader Bildarchiv, Barsbüttel: 119.3; Markgraf, S., Braunschweig: 60.2; Mathis, I., Merzhausen: 66/67; Mauritius, Mittenwald: 45.3 (de Foy), 38.2 a (Meissner), c (Mayer), 78.3 u. 4 (Rossenbach), 134.3 (Hubatka), 135.4 (Schröter), 135.5 (Manus); Michel, , Ch., CH-Zürich: 118/119; Müller, R., DK-Olstykke: 34 oben; Muuß, U., Altenholz: 63.4; NASA, USIS Bonn: 6.2; Nebel, J., Freiburg: 64.1, 127.2, 128 (3 Fotos); Opel AG, Rüsselsheim: 102.1 u. 3; Rheinbraun AG, Köln: 84/85 (Langen), 87.3 u. 4, 88.2, 99; Rodger, G., New York: 46.2 (Life magazine Inc); Rother, K., Passau: 38.2 d; Sächsische Landesbibliothek, Dresden: 124.1 (Michalsky); Senckenberg Museum/Forschungsinstitut, Frankfurt: 89.3; Silvestris, Kastl: 47.4 (Telegraph Colour Library), 151.4 (Lane); Strohbach, D., Berlin: 27.4; Superbild, Grünwald: Titelfoto; Thaler, U., Leipzig: 27.5; Touristik Marketing GmbH, Hannover: beide Fotos S. 154; Transglobe Agency, Hamburg: 43.6 (Wiese); Wasser- und Schifffahrtsdirektion Nord, Kiel: 16.2 (Hansa-Luftbild); Wiener, G., Frankfurt: 113.2; WRBA Foto-Design, Sulzbach/Taunus: 69.3; Wulf, R., Elmshorn: 122.2; Zefa, Düsseldorf: 38.2 f (Goebel), h (Eugen), j (Teuffen), 41.2 (Steemanns), 134.2 (Voigt).

Hinweis: Es war uns nicht in allen Fällen möglich die Rechteinhaber der Abbildungen ausfindig zu machen. Selbstverständlich werden berechtigte Ansprüche im Rahmen der üblichen Vereinbarungen abgegolten.

Dieses Buch entstand unter Mitwirkung folgender weiterer Autorinnen und Autoren: C. Caspritz, P. Gaffga, K. Krause, E. Noll, B. Rasch, E. Reißberg, D. Stonjek und R. Tieke.